V&R

EDITION **Leid**faden
Hrsg. von Monika Müller

Die Buchreihe *Edition Leidfaden* ist Teil des Programmschwerpunkts »Trauerbegleitung« bei Vandenhoeck & Ruprecht, in dessen Zentrum seit 2012 die Zeitschrift »Leidfaden – Fachmagazin für Krisen, Leid, Trauer« steht. Die Edition bietet Grundlagen zu wichtigen Einzelthemen und Fragestellungen im (semi-)professionellen Umgang mit Trauernden.

Jo Eckardt

Wenn Trauma und Trauer aufeinandertreffen

Betroffenen helfen, neuen Lebensmut zu finden

Vandenhoeck & Ruprecht

Bibliografische Information der Deutschen Nationalbibliothek
Die Deutsche Nationalbibliothek verzeichnet diese Publikation in der
Deutschen Nationalbibliografie; detaillierte bibliografische Daten sind
im Internet über http://dnb.d-nb.de abrufbar.

ISBN 978-3-525-40280-1

Weitere Ausgaben und Online-Angebote sind erhältlich unter: www.v-r.de

Umschlagabbildung: capicua/photocase.de

© 2017, Vandenhoeck & Ruprecht GmbH & Co. KG,
Theaterstraße 13, D-37073 Göttingen /
Vandenhoeck & Ruprecht LLC, Bristol, CT, U.S.A.
www.v-r.de
Alle Rechte vorbehalten. Das Werk und seine Teile sind urheberrechtlich
geschützt. Jede Verwertung in anderen als den gesetzlich zugelassenen
Fällen bedarf der vorherigen schriftlichen Einwilligung des Verlages.
Printed in Germany.

Satz: SchwabScantechnik, Göttingen
Druck und Bindung: ♻ Hubert & Co GmbH & Co. KG,
Robert-Bosch-Breite 6, D-37079 Göttingen

Gedruckt auf alterungsbeständigem Papier.

Inhalt

Einführung 7

Teil 1: Diagnostische Unterscheidung zwischen
Trauer und Trauma 11
Trauer 12
Trauma 16

Teil 2: Die therapeutische Arbeit mit
Trauer-Trauma-Kombinationen 25
Was Betroffene unmittelbar nach einem
traumatischen Erlebnis brauchen 27
Der Beginn einer Therapie oder Beratung 31
Das Geschehen begreifen 39
Symptome erkennen und bearbeiten 46
   Flooding 49
   Kognitive Verhaltenstherapie 50
   Gruppentherapie 52
   Neuroplastizität 53
   Körperorientierte Ansätze 57
   Somatic Experiencing nach Peter Levine 58
   Video- oder auch Bildschirmmethode 59
   Stopp-Methode 59
   Der leere Stuhl 60
   Ego-State-Therapie und die komplex-systemische
   Traumatherapie 61
   EMDR 63

Symbolische Hilfsmittel 66
Systemischer Ansatz 67
Hypnose 69
Medikamente 70
Trauerarbeit mit Menschen, die eine
traumatische Kindheit hatten 71
Sich der Trauer stellen 82
Die Stellung in der Gesellschaft finden 85
Aktivitäten und Resilienz aufbauen 92
Auflösen von Schuldgefühlen,
Wiederentdecken von Lebensfreude 97
Integration und Sinnfindung 102

Teil 3: Materialien für die therapeutische Arbeit 107
Skala zur Selbsteinschätzung 107
Erdung 110
Der Sichere Ort 111
Grautöne finden 113
Achtsamkeitsübung/Körperwahrnehmung 114
Ein besonderes Kartenspiel 117
Resilienztraining/Sich selbst schützen 119
Liste mit Ressourcen 121

Literatur 125

Einführung

Trauer und Trauma, diese zwei Begriffe werden oft im gleichen Atemzug genannt. Sie haben ja auch in der Tat einige Gemeinsamkeiten. Viele Todesfälle sind auf traumatische Unfälle oder Katastrophen zurückzuführen, sodass sich hier für die Überlebenden und Hinterbliebenen Trauer und traumatisches Erleben ganz automatisch vermischen. Oder aber ein Lebensereignis wühlt die Betroffenen so auf, dass frühere Trauer oder traumatische Erfahrungen reaktiviert werden. Beide Phänomene stellen an die Betroffenen ganz ähnliche Aufgaben, selbst wenn sie unabhängig voneinander auftreten. Ob ein Mensch unter einem Trauma leidet oder ob er trauert: Immer geht es darum, mit einer plötzlichen Wende im Leben zurechtzukommen und das Trauma bzw. den Todesfall als Teil des eigenen Lebens zu begreifen und in die Gesamtbiografie zu integrieren. Meist durchlaufen die Betroffenen bestimmte Phasen, die sich ähneln und auch zu vergleichbaren Gefühlen führen. In beiden Fällen sind Fragen nach dem Warum und nach dem Sinn des Erlebten von Bedeutung.

Doch es gibt auch Unterschiede! Ein traumatisches Ereignis löst in den betroffenen Menschen physiologische und neurobiologische Reaktionen aus, die so in einer unkomplizierten Trauer nicht auftreten. Einige Symptome sind traumaspezifisch und spielen für Trauernde keine große Rolle: so zum Beispiel die Hypervigilanz, das Vermeiden von Triggern, Veränderungen der Persönlichkeit und besonders auch die Dissoziation (mehr zu diesen Begriffen und Themen im ersten Teil dieses Buches).

Für die Praxis bedeutet dies, dass professionelle oder auch ehrenamtliche Berater[1] und Begleiter über beide Phänomene Bescheid wissen sollten, auch wenn sie sich auf eines der Themen spezialisiert haben. Trauerbegleiter sollten also genug Wissen haben, um traumatische Reaktionen einordnen und verstehen zu können, Traumaexperten wiederum sollten sich mit den Erscheinungsformen und Folgen von Trauer auskennen. Dies heißt aber nicht, dass alle Berater alle Fälle von traumatischer Trauer abdecken können. Patienten, die dramatische Traumafolgen erleben oder aber aufgrund von einem frühkindlichen Beziehungstrauma unter einer massiven Persönlichkeitsstörung leiden, sowie Patienten, die entweder akut suizidgefährdet sind oder sich bzw. andere Personen verletzen, sollten auch eine spezifische Therapie bekommen mit Experten, die in einem ganzheitlichen Ansatz situationsangepasst arbeiten können. Hier bieten sich spezielle Fachpersonen an, die gezielte Traumatherapien durchführen. Sowohl die stationäre als auch die ambulante Therapie können relativ schnell zu einer Linderung der akuten Traumafolgestörungen führen.

In diesem Buch geht es vorrangig um die Arbeit mit Patienten, die sich einerseits in einem durch traumatische Erfahrungen erschwerten Trauerprozess befinden, die aber andererseits noch so weit in der Realität verankert sind, dass sie sich auf eine ambulante Beratungssituation oder auch Gesprächstherapie einlassen können. Dieses Buch richtet sich vornehmlich an ehrenamtliche und professionelle Therapeuten, Berater und Begleiter, die in ihrer Praxis mit trauernden Personen zu tun haben, denn ganz sicherlich wird früher oder später auch das Thema Trauma eine Rolle spielen.

---

1 Zwecks besserer Lesbarkeit werden die männlichen grammatischen Formen verwendet. Es sind selbstverständlich generell die weiblichen mitgemeint.

Im ersten Teil des Buches betrachten wir, wie sich Trauer bzw. Trauma äußert und welche Erscheinungsformen es gibt. Welche Diagnosen muss man im Zusammenhang mit Trauma und Trauer kennen? Welche Veränderungen im Gehirn werden von einem traumatischen Ereignis hervorgerufen? Wann ist eine Trauer »erschwert« und welche Faktoren bergen das Risiko für eine erhöhte Traumatisierung?

Der zweite Teil des Buches widmet sich der Frage, wie die praktische therapeutische oder beratende Arbeit mit Betroffenen aussehen kann. Die verschiedenen Phasen einer Beratung bzw. Therapie werden beschrieben und verschiedene Techniken, die den Patienten helfen können, vorgestellt.

Im abschließenden dritten Teil werden einige praktische Anregungen und Vorlagen für die Arbeit mit Betroffenen gegeben. Einige der Übungen lassen sich auch von den Helfern selbst ausprobieren. Zum einen lassen sich Dinge besser vermitteln, wenn man sie aus eigener Erfahrung kennt, zum anderen kann man so der Gefahr einer sekundären Traumatisierung, die immer besteht, wenn man mit traumatisierten Menschen zusammenkommt, entgegenwirken.

Teil 1: Diagnostische Unterscheidung zwischen Trauer und Trauma

Während manche Berater, Heilpraktiker und Seelsorger in der glücklichen Lage sind, keine Diagnosen und Anträge auf Kostenübernahme stellen zu müssen, stehen zugelassenen Ärzte und Therapeuten natürlich in der Pflicht, jedes einzelne Schicksal und jeden einzelnen Patienten zu diagnostizieren, um mit der Krankenkasse abrechnen zu können. Dies kann ein Fluch sein, weil dieser Vorgang kostbare Zeit dauert und trotz großer Sorgfalt oft ein ungutes Gefühl hinterlässt: Habe ich die Störung richtig eingeschätzt? Wird diese Diagnose für den Patienten eine Belastung darstellen? Andererseits zwingt diese Notwendigkeit die behandelnden Personen, sich umfassende Gedanken über die Natur der jeweiligen Störung zu machen und genau abzuwägen, welche Erklärungen infrage kommen. Für die Patienten selbst kann die Diagnose eine Bereicherung sein: Wenn nämlich dabei klar wird, dass sie nicht verrückt oder krank sind, sondern eine verifizierbare Störung entwickelt haben aufgrund von erkennbaren widrigen Umständen und Erfahrungen. Zudem gibt es auch für jede bekannte Diagnose vielversprechende Behandlungsmöglichkeiten, sodass die Festlegung der Diagnose oft der erste Schritt auf dem Weg der Heilung ist.

Lassen Sie uns nun betrachten, welche Diagnosen nach einem Trauma bzw. Trauerfall möglich sind. Ich werde mich hier hauptsächlich auf das ICD-10 beschränken, also das internationale Diagnose-Klassifikationshandbuch für medizinische und psychiatrische Störungen, das auch in Deutschland verwendet wird.

Trauer

Wenn ein geliebter Mensch stirbt, trauern die Hinterbliebenen, das ist selbstverständlich. Auch wenn es den Betroffenen so erscheint, als breche die Welt zusammen, als sei ein Teil von ihnen selbst gestorben, auch wenn sie sich im Moment nicht vorstellen können, jemals wieder Lebensfreude empfinden zu können, so reagieren sie doch völlig normal.

Genauso normal wie die Trauer ist auch die Tatsache, dass Betroffene Unterstützung brauchen in dieser schweren Zeit. In früheren Zeiten wurden Trauernde in einer familiären oder dörflichen Gemeinschaft aufgefangen und unterstützt, ohne dass sie ihr Leid verstecken mussten. Heute sind Hinterbliebene nur zu oft auf sich allein gestellt und müssen sich in einer Gesellschaft zurechtfinden, die für den Tod keine Zeit und keinen Platz hat. In dieser Situation können Trauerbegleiter, Ärzte oder Therapeuten helfen. Dabei, und das möchte ich noch einmal betonen, liegt keine »Störung« im Sinne eines pathologischen Befundes vor.

Natürlich hört erst einmal die Welt auf sich zu drehen, wenn der Ehepartner, ein Kind oder eine andere geliebte Person plötzlich stirbt. Man ist im Schock, man möchte am liebsten die Wahrheit nicht wahrhaben, man bricht zusammen, wütet oder erstarrt. Man kann nicht mehr essen, nicht mehr schlafen, nicht mehr arbeiten – oder man isst zu viel, schläft den ganzen Tag oder funktioniert perfekt. Alles ist möglich. Manche weinen nur, andere vergießen keine einzige Träne. Das Immunsystem wackelt, Krankheitserreger finden einen idealen Nährboden und rauben auch noch die letzten Kräfte. Mangelerscheinungen, Depressionen und zuweilen auch Angstzustände oder auch psychotisch anmutende Wahnvorstellungen kommen vor.

Daher ist es durchaus verständlich, sinnvoll und auch wünschenswert, wenn Betroffene sich medizinische oder therapeutische Hilfe suchen. Was die Notwendigkeit hervorruft, für eine normale Trauerreaktion eine pathologisierende Diagnose finden zu müssen! Üblicherweise wird in diesem Fall die Diagnose »Anpassungsstörung« (F43.2) verwendet. Es gibt auch die akute Belastungsstörung (F43.0), doch da hiermit Symptome erfasst werden sollen, die nach einem belastenden Ereignis auftreten und nach einigen Tagen wieder abklingen, passt diese Diagnose im Fall einer Trauerreaktion nicht. Die allgemeine Anpassungsstörung setzt ein Ereignis voraus, dass die betroffene Person subjektiv und emotional beeinträchtigt im Sinne von einer Lebensveränderung, eines belastenden Ereignisses oder einer Krise. Anzeichen können eine depressive Verstimmung, Angst, Sorge und/oder ein verändertes Sozialverhalten sein. Auch das Gefühl, mit dem Alltag nicht mehr zurechtzukommen, und die Unfähigkeit, Zukunft planen zu können, gehören zum Erscheinungsbild. Ein Ausschlusskriterium ist allerdings, dass die Störung länger als sechs Monate anhält. Doch Trauer ist selten nach sechs Monaten abgeklungen.

Mit anderen Worten: Sechs Monate nach dem Todesfall muss eine andere Diagnose gefunden werden. Dies kann die länger andauernde Anpassungsstörung (F43.21) sein. Sehr häufig wird in diesem Fall aber auch eine Depression festgestellt. In der Tat liegt der Eindruck nahe, dass trauernde Menschen depressiv sind. Sie sind oft freudlos, machen keine Pläne, sind lethargisch und ohne Hoffnung. Doch gibt es in diesem Fall ja einen realen Grund für die Traurigkeit. Überhaupt ist die Diagnose einer Depression immer etwas schwierig. Gibt es nicht doch einen organischen Grund? Sind Hormone oder neurobiologische Vorgänge verantwortlich? Oder reagiert der Patient auf reale Vorkommnisse in seinem Leben? Antworten auf diese Fragen sind wichtig, um die richtige Behandlung für eine Depression zu wählen.

Manchmal sind es aber andere Symptome, die Trauernde quälen. Dann lautet die Diagnose vielleicht: nicht-organische Schlafstörung (F51.0 oder F51.2), Essstörung (F50.–), somatoforme Störung (F45.–, darunter zählen auch Schmerzstörungen) oder Angststörung (F40.– und F41.–). Die Frage stellt sich: Gäbe es innerhalb des ICD-10 eine Diagnose, die »normale Trauerreaktion« hieße und all solche Symptome wie Hoffnungslosigkeit, Grübeln, Trauer, somatische Schmerzen, Freudlosigkeit, emotionale Erstarrung oder auch Unbeständigkeit beinhaltete, und dies ohne eine zeitliche Vorgabe, wie lange solche Symptome anhalten, würden dann weniger Menschen mit den oben genannten Diagnosen bedacht?

In einer Gesellschaft, die sich nur punktuell mit Tod und Trauer beschäftigen mag und in der Trauernde keine Unterstützung finden, wird es natürlich weniger »Trauernde« geben und mehr Menschen mit Depressionen oder anderen psychischen Störungen. Dazu kommen die vielen Menschen, die psychosomatische Erkrankungen und Schmerzen entwickeln. Wer würde nicht lieber über Rückenschmerzen klagen als darüber, den Tod einer Familienangehörigen nicht verwinden zu können? Abschließend muss daher festgestellt werden, dass das ICD-10 keine zufriedenstellende Diagnose bietet, die trauernden Patienten gerecht wird.

Glücklicherweise gibt es aber Fachleute, die das Kind beim Namen nennen. Insbesondere der Bundesverband Trauerbegleitung e. V. (BVT) hat sich mit der Frage beschäftigt, wie man Trauer und Trauerprozesse benennen kann. Das Ergebnis, das 2010 von einer Arbeitsgruppe vorgelegt wurde, umfasst vier Erscheinungsformen von Trauer:
1. nicht-erschwerte Trauer
2. erschwerte Trauer
3. traumatische Trauer
4. komplizierte Trauer

Mit nicht-erschwerter Trauer ist die normale Trauer gemeint, die zu oben beschriebenen Symptomen führt und bis zu zwei Jahre dauern kann. Warum sagt man also nicht »normale Trauer«? Die Mitglieder der genannten Arbeitsgruppe wollten den Eindruck vermeiden, dass andere Formen von Trauer als »nicht normal« dargestellt werden. Die nicht-erschwerte Trauer ist aber normal insofern, als dass ein großer Teil der Trauernden (ca. 80 Prozent) diese Art der Trauer erleben. Sie trauern natürlich auch noch nach zwei Jahren um die geliebte Person, nehmen aber wieder am alltäglichen Leben teil, können wieder Freude empfinden und haben den Verlust als ein Puzzleteil der eigenen Biografie integriert.

Erschwerte Trauer will ausdrücken, dass Betroffene mit erschwerenden Umständen zu tun haben, die das Risiko in sich bergen, den Trauerprozess zu komplizieren. Vielleicht haben die Betroffenen einen besonders schlimmen Todesfall zu verarbeiten (Tod durch Gewaltanwendung, Tod eines jungen Kindes oder Ähnliches), müssen ohne soziale Unterstützung auskommen, sind durch andere Lebensumstände ohnehin in einer kritischen Situation, oder aber sie haben durch frühere Erfahrungen ein geringes Vertrauen in sich und die Welt. Es steht dann zu erwarten, dass sich der Trauerprozess schwierig gestalten wird und es nur spät oder eventuell gar nicht gelingen wird, die Balance wiederzufinden. Auch wenn eine konfliktreiche Partnerschaft durch den Tod unterbrochen wird, führt dies meist im überlebenden Partner zu einer erschwerten Trauer.

Traumatische Trauer ist eine Trauer, in der sich beide Phänomene vermischen, sei es, dass der Todesfall traumatisch war, oder dass die Trauernden frühere traumatische Erfahrungen gemacht haben, die nun reaktiviert werden: Die Betroffenen zeigen deutliche Symptome einer traumatischen Belastungsstörung. Das können Flashbacks sein, Überflutung, Vermeidungsverhalten oder auch Dissoziation (mehr dazu Seite 20 ff.). Da eine Posttraumatische Belastungsstörung erst sechs Monate nach dem traumatischen Erlebnis diagnostiziert wird, sollte auch eine traumatische Trauer erst nach sechs Monaten festgestellt werden.

Die komplizierte Trauer wird auch verlängerte Trauerstörung genannt. Es handelt sich hierbei um eine Trauer, bei der die anfängliche »normale« Verzweiflung und Freudlosigkeit, die unstillbare Sehnsucht nach der verlorenen Person und die Unfähigkeit, sich auf ein Leben ohne diese Person einzulassen, auch nach langer Zeit (mindestens 13 Monate) noch anhält. Gründe dafür können darin liegen, dass es frühere, nicht verarbeitete Trauer oder Traumata gab, dass die Betroffenen andere, möglicherweise nicht erkannte psychische Störungen haben oder dass sie mit anderen Belastungen im Leben nicht zurechtkommen.

Es geht in diesem Buch also vornehmlich um die erschwerte, die traumatische und auch die komplizierte Trauer, also die Art von Trauer, in der Symptome von Trauer sich mit Symptomen einer Traumatisierung vermischen. Lassen Sie uns daher als Nächstes einen Blick auf die Symptomatik und Diagnosemöglichkeiten nach einem Trauma werfen.

Trauma

Ein Trauma ist ein schreckliches Erlebnis, das von den Betroffenen als Einschnitt gesehen wird, der das Leben nachhaltig negativ verändert. Ganz wesentliche Bedingung, damit ein solches Ereignis als Trauma aufgefasst wird, ist die subjektive Überforderung. Mit anderen Worten, die Bewältigungsmechanismen, die jedem Menschen zur Verfügung stehen, reichen in diesem Fall nicht aus, um mit dem Geschehen »fertig« zu werden. Und da jeder Mensch unterschiedliche Fähigkeiten, Veranlagungen und Bewältigungsmechanismen hat, passiert es immer wieder, dass ähnliche Erlebnisse ganz unterschiedliche Auswirkungen auf die einzelnen Personen haben.

Allerdings gibt es auch noch andere Faktoren, die darüber entscheiden, wie gut jemand mit einem traumatischen Erlebnis zurechtkommt. Alter und frühere Erfahrungen der Betroffenen spielen dabei eine Rolle, die soziale Eingebundenheit und solidarische Unterstützung von außen, aber auch Art, Ausmaß und Dauer des Erlebnisses und der Grad der Hilflosigkeit bzw. die Möglichkeit, sich selbst zu helfen, zählen zu den wesentlichen Faktoren. So ist es für Menschen, die gefangen, eingesperrt und physisch einfach nicht in der Lage waren, an ihrer Situation etwas zu ändern, sehr viel schwerer nach einem solchen Erlebnis wieder Fuß zu fassen, als für Menschen, die aus eigener Kraft einen Ausweg aus ihrer Lage finden konnten. Auch Opfer, die von anderen Menschen willentlich und gezielt misshandelt wurden, oder Kinder und Jugendliche, die noch keine ausgereifte Persönlichkeit haben, sind einem größeren Risiko ausgesetzt, hinterher an einer Belastungsstörung zu erkranken. Das heißt natürlich nicht, dass die Opfer einer Naturkatastrophe oder rundum gefestigte Menschen nicht auch unter den Folgen ihres Erlebnisses zu leiden haben.

Aus diesem Grund ist in der Arbeit mit Betroffenen Vorsicht geboten: Niemand sollte das Gefühl bekommen, das persönlich erlebte Trauma sei irgendwie »weniger wert« oder »nicht so schlimm« auf einer imaginären Skala der schlimmsten Traumata. Doch kann es Betroffene entlasten, wenn man ihnen erklärt, dass bestimmte Faktoren in ihrem speziellen Fall die Traumaverarbeitung erschweren. Es liegen also kein persönliches Versagen vor, keine charakterliche Schwäche oder Krankheit, sondern es ist ganz natürlich, dass eine Anhäufung von erschwerenden Umständen auch dazu führt, dass die Symptome gravierender sind.

Weiterhin unterscheidet man verschiedene Formen von Traumata. Es gibt plötzliche Traumata in Form von Unfällen, Naturkatastrophen und Gewalterfahrungen. Und es gibt lange andauernde Traumata, etwa Kriegserfahrungen, Gefangenschaft, Folter, Mobbing oder sexueller oder gewalttätiger Missbrauch, der über einen längeren Zeitraum hinaus andauert. In der Fachliteratur wird in diesem Zusammenhang oft von Traumata Typ I (Kurzzeittrauma) und Typ II (chronisches Trauma) geredet. Allerdings gibt es auch eine dritte Art von Trauma, nämlich das Entwicklungstrauma (auch Beziehungs- oder Verlassenheitstrauma genannt). Dies betrifft Menschen, die als Kinder vernachlässigt, misshandelt oder missbraucht wurden. Oder die mit Menschen aufwuchsen, die nicht bindungsfähig waren und daher dem Kind nicht das geben konnten, was es gebraucht hätte, um soziale und psychische Fertigkeiten zu lernen und das eigene Selbst reifen zu lassen.

Was haben all diese verschiedenen Formen von Trauma gemein? Die Tatsache, dass etwas Schreckliches passiert, was die eigene Existenz infrage stellt und zudem die eigenen Bewältigungsmechanismen überfordert, führt zu einer Art Kurzschluss im Gehirn. Das Gehirn, das ja sonst gut koordiniert Geschehnisse wahrnimmt, analysiert und bewertet, um daraufhin eine passende Reaktion zu wählen und im Anschluss daran alles gewissenhaft als Erinnerung abzuspeichern, um eventuell in Zukunft darüber lachen oder auch davon lernen zu können, ist bei einem Trauma völlig überfordert. Die Amygdala, quasi die Alarmanlage des Gehirns, springt an, Adrenalin wird ausgeschüttet, was zu verminderter Durchblutung des Gehirns führt, die Atmung wird flach, das Sprachzentrum wird vorübergehend ausgeschaltet und das Stammhirn übernimmt die Kontrolle. Das Stammhirn, auch Reptilienhirn genannt, stammt aus der Urzeit der Wirbeltiere, aus einer Zeit, als wir noch Reptilien waren, und kennt im Grunde nur zwei Möglichkeiten: wegrennen oder kämpfen. Wenn weder das eine noch das andere möglich ist, bleibt noch die Schockstarre. Der Mensch erstarrt, das Gehirn friert ein. Bilder brennen sich ein, die später immer wiederkehren werden. Die Gefühle werden entweder so riesig, dass sie alles überlagern, oder aber sie werden vollständig abgespalten, sodass sie auch einfrieren. Alle Eindrücke werden zusammen abgespeichert, sodass später ein einzelner Auslöser (sogenannte Trigger: ein Geräusch, eine Farbe, ein Geruch, ein Wort) genügt, um die ganze Erinnerung wieder abzuspulen. Oder aber: Alle Eindrücke werden isoliert, sodass sich Betroffene vielleicht an ein Bild erinnern, aber nicht zuordnen können, was vorher passierte, was nachher geschah oder welche Gefühle eine Rolle spielten. Vor allem: Das Geschehen kann nicht als Einzelbaustein der eigenen Biografie in die Lebensgeschichte eingebettet werden. Es sticht hervor, ragt heraus, was vorher war, gilt nicht mehr, was nachher kommt, kann sich nicht aus dem Schatten, den das Trauma wirft, herauslösen. Es entsteht ein Bruch, den die Betroffenen oft nicht aus eigener Kraft kitten können.

Bevor ich im Folgenden die häufigsten Diagnosen vorstellen möchte, die im Zusammenhang mit traumatischen Erlebnissen gestellt werden, möchte ich betonen: Die Auswirkungen, die ein Trauma auf einen Menschen hat, sind nicht nur psychisch! Wir reden zwar von »psychischen Störungen«, doch die Psyche reagiert auf Störungen, die im Grunde im körperlichen, also physiologischen Bereich auftreten. Denn Stress hat Auswirkungen auf das Gehirn, auf das Nervensystem, auf den Stoffwechsel, auf Muskelspannung, auf das Immunsystem. Viele dieser Auswirkungen sind empirisch nachweisbar: Im Blutbild lassen sich vermehrte Stresshormone nachweisen, ein EEG (Messung der elektrischen Aktivität des Gehirns) oder FMRI (bildgebendes Verfahren zur Darstellung physiologischer Körperfunktionen) macht Veränderungen im Hirn sichtbar, Puls und Blutdruck lassen sich messen und Muskelverspannungen sind mit der bloßen Hand erspürbar. Diese Erkenntnis kann auch Betroffene entlasten: Es ist nicht ihre geringe Belastbarkeit oder ihre charakterliche Schwäche, die für die Traumasymptomatik verantwortlich ist, so wie auch ein Mensch mit Herzinfarkt nicht Schuld ist an seiner Erkrankung.

Gibt es eine Diagnose, die die eben beschriebenen Symptome abdeckt? Am nächsten liegend ist sicherlich die Posttraumatische Belastungsstörung (PTBS). Sie wurde erstmals im Jahr 1972 ins amerikanische Manual DSM aufgenommen, das heute in der Version DSM-5 geläufig ist. Im ISD-10 hat es die Nummer F43.1. Als Auslöser wird hier eine katastrophale Situation oder Bedrohung genannt, »die bei fast jedem eine tiefe Verzweiflung hervorrufen würde«. Als Merkmale tauchen auf: wiederholtes Erleben des Traumas, Betäubtheit und emotionale Stumpfheit, Freudlosigkeit, Vermeidung von Aktivitäten oder Situationen, die Erinnerungen an das Trauma wachrufen könnten. Ferner die vegetative Übererregtheit, also Vigilanzsteigerung, Schreckhaftigkeit, Schlafstörungen und eventuell auch Angst und Depression.

Während früher die PTBS als Angststörung klassifiziert wurde, ist heute sowohl im DSM-5 als auch im ISD-10 die PTBS eine generelle Traumafolgeerkrankung, die eventuell Angstelemente umfasst, aber nicht auf diese beschränkt ist. Man geht davon aus, dass ein bis sieben Prozent der Bevölkerung während ihres Lebens einmal eine PTBS entwickeln. Nach gewissen Erlebnissen steigt das Risiko natürlich. Am höchsten ist die Gefahr nach Kriegs- und Foltererlebnissen sowie nach Vergewaltigungen (fast 50 Prozent). Auch Intensivpatienten (besonders solche, die künstlich beatmet werden mussten), Opfer von Gewaltverbrechen oder Beteiligte an einem Verkehrsunfall haben ein deutlich erhöhtes Risiko (10–35 Prozent), an einer PTBS zu erkranken. Diese wird übrigens frühestens sechs Monate nach dem traumatischen Erlebnis diagnostiziert, da alle Symptome, die unmittelbar nach einem Trauma erlebt werden, noch als natürliche und gesunde Reaktion auf das Erlebnis bewertet werden.

Obwohl die PTBS also eine sehr gängige und allumfassende Diagnose ist, gibt es auch einiges an ihr auszusetzen. So werden Kinder und Jugendliche nicht sehr gut mit ihr bedient, denn sie reagieren anders auf Traumata als Erwachsene: nämlich vor allem durch Regression, Aggressivität und Schwierigkeiten, sich zu konzentrieren oder schulische Leistungen zu erbringen. Es wäre daher dringend erforderlich, eine spezielle Diagnose für Kinder und Jugendliche zu entwickeln. Die »Reaktive Bindungsstörung« hilft hier nicht weiter, denn eine Bindungsstörung entwickelt sich aus fehlenden positiven Bindungserfahrungen heraus und deckt somit nur einen Teil von möglichen traumatischen Erfahrungen ab, die Kinder und Jugendliche machen können.

Weiterhin werden Erwachsene, die in der Kindheit traumatisiert wurden, die also ein Entwicklungs- oder Erziehungstrauma erlebt haben, mit einer PTBS-Diagnose in ein Muster gepresst, das nicht wirklich passt. Denn dadurch, dass sie während der psychischen Reifung und Selbstfindung gehemmt, vernachlässigt oder misshandelt wurden, haben sich sehr spezifische Symptome entwickelt. Niedriges Selbstwertgefühl, Scham- und Schuldgefühle und vor allem dissoziative Störungen sind hier vorrangig. Statt Hyperarousal und Vermeidungshaltung stehen bei Kindern andere Symptome im Vordergrund, darunter Regression (Daumenlutschen, Babysprache), Aggressivität, Konzentrations- und Lernschwierigkeiten, Schlafstörungen (Albträume), Hoffnungslosigkeit, Klammern, selbstverletzendes Verhalten. Viele Experten fordern daher, eine spezifische Diagnose, nämlich die komplexe Posttraumatische Belastungsstörung (nach Judith Herman, 2014) bzw. entwicklungsbezogene Traumafolgestörung (nach van der Kolk, 2015), in das DSM und ICD aufzunehmen. Und obwohl dies bisher noch nicht erfolgt ist, benutzen viele Spezialisten diese Diagnosen bereits.

Lassen Sie mich im Folgenden noch einige andere Störungen aufführen, die als Folge einer traumatischen Belastung auftreten können.

Als Persönlichkeitsstörungen sind vor allem die Borderline sowie die narzisstische Persönlichkeitsstörung bekannt. Daneben gibt es aber auch weitere Varianten, zum Beispiel die paranoide, schizoide, zwanghafte (anankastische) und abhängige Persönlichkeitsstörung. Alle haben gemein, dass die Betroffenen ihre Umwelt auf besondere Art und Weise wahrnehmen und immer wieder mit ihr in Konflikt geraten. Sei es, dass sie überängstlich sind, ichbezogen und unfähig, für andere Menschen Empathie zu empfinden, so gut wie keine Impulskontrolle haben, oder dass sie sich selbst immer wieder in Gefahr bringen. Erklärbar sind solche Symptome dadurch, dass frühkindliche Traumata die Entwicklung einer gesunden, bindungsfähigen Persönlichkeit ver- oder zumindest behindert haben. Sehr häufig findet man im elterlichen Umfeld von Patienten mit Persönlichkeitsstörungen Erwachsene, die ihrerseits traumatische Kindheiten hatten. Man spricht in diesem Fall von transgenerationaler Traumatisierung. Das Trauma wird also quasi vererbt. Das geschieht zum einen durch genetische Vererbung (das Feld der Epigenetik beschäftigt sich mit der Frage, welche Auswirkungen Traumata auf das Erbgut von Menschen haben und durch mehrere Generationen weitergegeben werden können), zum anderen aber natürlich auch durch soziale Einflüsse und defizitäre Erziehung. Menschen, die aufgrund einer schwierigen Kindheit unsichere Bindungen haben, von Verlustängsten getrieben werden und leicht in Wut geraten, können ihren Kindern schwerlich zu einem gesunden Bindungsverhalten verhelfen: Der Teufelskreis setzt sich fort.

Persönlichkeitsstörungen sind also fast immer ein Hinweis auf frühkindliche Traumata. Einmalige Traumata, die in das Erwachsenenalter fallen, können eine bestehende Persönlichkeit nicht mehr so massiv verändern, dass es zu einer solchen Störung kommt. Allerdings können chronische Traumata, also beispielsweise jahrelange Gefangenschaft und Folter, durchaus persönlichkeitsverändernde Auswirkungen haben.

Neben der Posttraumatischen Belastungsstörung und der Persönlichkeitsstörung gibt es noch eine dritte Diagnose, die klar darauf hinweist, dass die Betroffenen unter den Folgen eines Traumas leiden: die dissoziative Störung. Unter Dissoziation versteht man das Abkoppeln des Gefühlserlebens. Man befindet sich zwar körperlich im Hier und Jetzt, nimmt dieses jedoch nicht vollständig oder im Extremfall überhaupt nicht wahr. Wenn ein Kind ganz in Trance versunken vor dem Bildschirm sitzt, hört es vielleicht nicht die Mutter rufen und reagiert auch dann nicht, wenn die Mutter es sanft antippt. Eine leichte Form der Dissoziation ist also ganz normal und wird auch gern von Erwachsenen genutzt, um zum Beispiel während eines langweiligen Vortrages in schönere Fantasien zu fliehen. Doch wenn Kinder misshandelt oder sexuell missbraucht werden und diesen unbeschreiblichen und nicht fassbaren Verrat bzw. die körperlichen Schmerzen nicht aushalten können, dann beginnen sie oft ganz unbewusst und automatisch zu dissoziieren: Sie schalten die Schmerzempfindung und ihr Gefühlserleben einfach aus. Sie haben dann vielleicht das Gefühl, abseits zu stehen, das Geschehen von außen zu betrachten oder an einem anderen Ort zu sein. Wenn eine solche totale Dissoziation öfter zum Einsatz kommt, wird sie als »normale« Reaktionsweise auf unangenehme Situationen ins Verhaltensrepertoire aufgenommen. Die Umwelt bemerkt oft nicht, dass Kinder oder auch Erwachsene dissoziieren. Sie vermuten, die Betroffenen seien verträumt, oft abgelenkt oder einfach nur sehr »stark«, weil sie ohne Gefühlsregungen über schreckliche Dinge erzählen können. Auch die Betroffenen selbst sind sich oft nicht darüber klar, dass sie einen großen Teil ihres Lebens nicht wirklich mitbekommen, quasi unter einer Käseglocke leben.

Therapeutische oder beratende Begleiter sollten auf folgende Symptome achten: Berichten Patienten über schreckliche Erinnerungen, ohne dabei angemessene Gefühle (wie Horror, Angst, Empathie) zu zeigen? Berichten Patienten darüber, oft längere Zeiträume zu »verpassen« (Erinnerungslücken)? Fällt es Patienten schwer, eigene Gefühle zu erkennen bzw. zu wissen, ob sie glücklich oder traurig sind? Haben Patienten selbstschädigende Verhaltensweisen entwickelt: Fügen Sie sich zum Beispiel Schmerzen zu, um ihren Körper zu spüren? Berichten sie über Ausfälle von Sinneswahrnehmungen (Hör- oder Sehverlust) oder auch Taubheitsgefühle an verschiedenen Stellen des Körpers, für die keine medizinische oder organische Erklärung vorliegt? Benutzen sie Wörter wie »unreal« und »nicht wirklich«, wenn sie über ihre Wahrnehmung reden? Gegebenenfalls könnten hier Hinweise auf eine dissoziative Störung vorliegen, die wiederum darauf schließen lassen, dass die Betroffenen unter einem nicht verarbeiteten Trauma leiden.

Zum Abschluss möchte ich noch einige Symptome erwähnen, die von einem Trauma ausgelöst werden können, genauso gut aber auch andere Ursachen haben können. Angst- und Panikstörungen (Ängste vor bestimmten Dingen, Situationen oder Menschen, Phobien bis hin zu regelrechten Panikattacken, bei denen Betroffene glauben zu sterben), Somatisierungsstörungen (Schmerzen oder Erkrankungen, die keine organischen Ursachen haben, oft auch »psychosomatische« Erkrankungen genannt) und affektive Störungen (also Depressionen, Burnout und in seltenen Fällen Manien), Essstörungen und Suchtverhalten – dies sind Symptome, die als Folge einer Traumatisierung möglich sind, jedoch auch andere Ursachen haben können. Es gilt hier also genau hinzuschauen und mögliche Ursachen abzuwägen.

Teil 2: Die therapeutische Arbeit mit Trauer-Trauma-Kombinationen

Die Beschreibung und Diagnostik von Trauer und Trauma zeigt bereits, wie viel Ähnlichkeit zwischen beiden psychischen Phänomenen liegt. In beiden Fällen wird der Auslöser, also eine Katastrophe bzw. ein Todesfall, als Einschnitt erlebt, der das Leben nachhaltig verändert. Bis zu einem halben Jahr sind Verzweiflung und Verstörtheit als normal, also gesund und folgerichtig, anzusehen. Erst danach kann überhaupt die Diagnose einer »Störung« gestellt werden. Die erste Reaktion ist in jedem Fall Schock, also ein Neben-sich-Stehen gepaart mit eventuellen Funktionsausfällen. Freudlosigkeit, Hoffnungslosigkeit bis hin zu Depression und Suizidalität können folgen, und auch das Symptom wiederkehrender Erinnerung ist in beiden Fällen möglich.

Gleichzeitig haben sich einige Unterschiede herauskristallisiert: Nur bei traumatischen Ereignissen schaltet das Gehirn ins Notfallprogramm um, bei dem das Geschehen nicht mehr richtig prozessiert wird und einige Gehirnteile praktisch abgeschnitten werden. Dissoziation ist eine Symptomatik, die fast immer auf ein vorausgegangenes Trauma deutet. Auch Flashbacks und Intrusionen weisen auf ein traumatisches Ereignis hin. Diese Symptome verlangen nach einer besonderen Herangehensweise. Gezielte Interventionen können helfen, die gespeicherten und eingefrorenen Erinnerungen wieder aufzutauen, um die verschiedenen Gehirnteile wieder miteinander in Verbindung zu setzen. Und zu guter Letzt sind Persönlichkeitsstörungen ein

Hinweis darauf, dass traumatische Erlebnisse in frühen Kindheitsjahren stattgefunden haben.

Aus diesen Unterschieden ergibt sich, dass die Zielsetzung einer Traumatherapie meist anders gewichtet ist als die einer Trauerbegleitung. Ein Trauma kann durchaus, in einem gewissen Rahmen, »geheilt« werden. Die Symptomatik, also Abspaltung von Gefühlen, das Einfrieren von Bildern, Ängste und selbstschädigendes Verhalten, kann gezielt angegangen werden, um hier eine Linderung zu erreichen. Grob gesagt geht es bei der Traumatherapie darum, einzelne Symptome aufzulösen, das Gehirn aus der Schockstarre zu befreien und die Wahrnehmung im Hier und Jetzt wieder zu aktivieren. Die Symptomatik einer »gesunden« Trauer hingegen will begleitet, aber nicht wegtherapiert werden. Allerdings treffen sich beide Wege am Ende wieder, wenn es darum geht, das Geschehen und auch die eigene, persönliche Reaktion darauf zu integrieren. Denn letztlich geht es in beiden Fällen genau darum: Der Patient soll lernen, das Erlebte (das Trauma bzw. den Tod eines geliebten Menschen) als geschehen anzunehmen und die eigene Reaktion darauf zu verstehen und zu akzeptieren. Es soll eine Biografie erstellt werden, die all diese Facetten beinhaltet und das eigene Leben als Ganzes, mit Höhen und Tiefen, mit Glücksgefühlen und Traueranteilen, versteht. Im günstigen Fall führt die Integration der biografischen Geschichte und der Persönlichkeitsanteile zu dem Gefühl, in allem einen gewissen Sinn zu finden. Letzteres ist natürlich nicht so zu verstehen, dass Patienten dazu angeleitet werden sollen, dankbar oder froh darüber zu sein, was ihnen geschehen ist. Ob und in welchem Maße Patienten einen Sinn in traumatischen Ereignissen oder im Tod von geliebten Menschen finden, ist eine sehr persönliche Angelegenheit, die von außen unterstützt, aber nicht eingefordert werden kann.

Wenn nun, wie bereits ausgeführt, die Herangehensweise an ein Trauma und an die Trauer sich in einigen wesentlichen

Zügen unterscheidet, stellt sich natürlich die Frage: Was, wenn ein Patient sowohl Trauer als auch ein Trauma zu verarbeiten hat? Wie lassen sich beide Therapieansätze vereinen, wenn Betroffene ein Trauma erlebt haben, bei dem geliebte Menschen ums Leben kamen? Oder aber, wenn Trauernde durch nicht verarbeitete Traumata in der Kindheit daran gehindert werden, einen aktuellen Todesfall zu verarbeiten?

Natürlich gibt es kein Patentrezept für die Heilung von traumaassoziierter Trauer, da ja auch jeder Fall und jeder Mensch anders ist. Aber es gibt doch einige Richtlinien oder Herangehensweisen, die vielleicht in der Begleitung oder Therapie helfen können. Ich möchte im Folgenden den Verlauf einer Trauerbegleitung mit traumatisierten Betroffenen nachverfolgen und dabei einige Gedankenanstöße geben.

Was Betroffene unmittelbar nach einem traumatischen Erlebnis brauchen

Wie wir oben gesehen haben, ist die unmittelbare Reaktion auf ein traumatisches Erlebnis, aber auch auf einen Todesfall, Schock. In solchen Momenten übernimmt das Reptilienhirn die Steuerung nicht nur von unseren unmittelbaren Reaktionen, sondern auch von physiologischen Vorgängen wie Atmung, Verdauung, Sauerstoffzufuhr und Hormonausschüttung. Man ist unter Umständen nicht mehr ganz zurechnungsfähig, ist verwirrt und nicht in der Lage, eigene Gefühle, Bedürfnisse oder Ängste zu erkennen bzw. zu artikulieren. Bekannt sind Fälle von Menschen, die nach einem Unfall hinzukommenden Helfern versichern, dass alles in Ordnung sei und ihnen nichts fehle, obwohl sie, wie sich dann bald herausstellt, eine klaffende Wunde, Knochenbrüche oder anderweitige Verletzungen haben. Im Schockzustand spürt man sich nicht mehr wie gewohnt und ist auch dank der kräftigen Adrenalinzufuhr relativ schmerzunempfindlich.

Aus dieser Tatsache ergibt sich, dass Außenstehende den Schutz geben müssen, den die Betroffenen selbst nicht gewährleisten können. Sie müssen den Rettungswagen oder die Polizei anrufen und dafür sorgen, dass die unmittelbare Gefahr gebannt wird. Betroffene brauchen im Idealfall Zuspruch, also Helfer, die mit ruhiger und zuversichtlicher Stimme versichern, dass Hilfe unterwegs ist, alles getan werden wird, um die Sicherheit wiederherzustellen, dass ab jetzt andere sich um alles kümmern werden, bis die Betroffenen diesen Part wieder selbst übernehmen können. Den Worten sollten natürlich Taten folgen, um praktische Hilfe bzw. Schutz vor weiterer Verletzung zu installieren. Eine Verarbeitung von Traumata kann erst erfolgen, wenn die Betroffenen ganz sicher sein können, dass die Gefahr vorbei ist!

Während Ersthelfer also erst einmal die Kontrolle übernehmen, darf dabei nicht vergessen werden, dass traumatisierte Menschen besonders unter Gefühlen von Hilflosigkeit und Ohnmacht leiden. Je größer das Gefühl des Ausgeliefertseins während des Traumas war, umso höher die Gefahr, später an einer posttraumatischen Folgestörung zu erkranken. Dies zeigt sich gerade an Patienten, die in Intensivstationen an Atmungsgeräte angeschlossen werden: Fast ein Drittel von ihnen leidet hinterher an PTBS. Daher ist es ratsam, Dinge, die für Traumaopfer getan werden müssen, nach Möglichkeit immer mit deren Einverständnis zu tun oder zumindest – sollten die Patienten nicht dazu in der Lage sein – zu erklären, was getan werden muss und warum. Solch eine Erklärung könnte zum Beispiel so aussehen:

Sie hatten einen Unfall. Wir vermuten, dass Sie innere Verletzungen haben. Deswegen werden wir Sie jetzt ganz vorsichtig auf die Trage heben, um Sie dann mit dem Krankenwagen ins nächste Hospital zu bringen. Ihre Angehörigen wurden bereits informiert und sind auf dem Weg!

Daneben tun auch Berührungen gut! Aus dem Fernsehen kennen wir Bilder, wie Überlebende von Desastern mit Decken versorgt werden. Zum einen können Körper im Schock leicht auskühlen, zum anderen bieten Decken aber auch einen symbolischen Schutz. Eine Hand auf der Schulter kann ebenso Trost und menschliche Wärme vermitteln. Berührungen sollten allerdings nur sehr behutsam eingesetzt werden, da es auch möglich ist, dass die Betroffenen dies nicht wollen und sie sich in ihren Grenzen verletzt fühlen. Wichtiger ist ohnehin, das Gefühl rüberzubringen: »Sie sind nicht allein. Es gibt Menschen, die sich um Sie kümmern und die darauf achten, dass Sie möglichst schnell wieder die Kontrolle erlangen.« Dies lässt sich in kleinen Gesten ausdrücken oder in einfachen Worten wie: »Ich bleibe bei Ihnen, bis der Krankenwagen kommt.« Helfer müssen sich von dem Wunsch lösen, Dinge ungeschehen oder wiedergutmachen zu können, denn das ist leider nicht möglich. Dabei zu bleiben und »beizustehen« hört sich erst einmal nicht nach großem Engagement an, ist aber oft das Beste, was man tun kann.

Manchmal ist es unvermeidlich, dass Betroffene Fragen beantworten müssen: »Wo tut es weh, was genau haben Sie gesehen, befinden sich noch weitere Personen in Gefahr, können Sie die Täter beschreiben?« Dann müssen diese Fragen gestellt werden. Allerdings sind die Aussagen von Menschen, die unter Schock stehen, mit Vorsicht zu betrachten. Fragen, die nicht dringend sind, sollten nicht gestellt werden! Wie bereits erwähnt, genügt es oft, einfach da zu sein und das Leid zu teilen. Wenn die Betroffenen schweigen, ist es okay, mit ihnen zu schweigen. Je nach Situation kann man aber auch etwas erzählen. Eine wohlklingende Stimme, die wohlmeinende Dinge sagt, wird von Betroffenen oft als beruhigend wahrgenommen. Es kann auch vorkommen, dass die Betroffenen selbst reden wollen. Dann sollen sie das tun! Überhaupt ist alles erlaubt, was den Betroffenen ein Bedürfnis zu sein scheint: weinen, lachen, reden, schweigen – jeder Mensch reagiert anders und sollte dies auch tun dürfen.

Wovor sich Außenstehende in jedem Fall hüten sollten, ist, schuldzuweisende Fragen zu stellen: »Warum haben Sie nicht früher um Hilfe gerufen? Wieso sind Sie denn so spät abends hier allein unterwegs?« Betroffene von Traumata machen sich sehr oft Vorwürfe und leiden unter Scham- und Schuldgefühlen. Sie brüten häufig in Endlosschleifen über Fragen, warum sie das Unglück nicht verhindert haben, wieso sie überlebten und andere nicht, wieso ein Mensch ihnen Gewalt antun konnte und Ähnliches. Es hilft daher ungemein, wenn man von vorneherein klar macht, dass sie dieses Unglück nicht verdient haben. Je größer die Solidarität der Umwelt, umso größer die Chance auf Heilung! Was für ein Unterschied, ob eine Frau nach einer Vergewaltigung auch noch wegen Ehebruchs angezeigt und verurteilt wird (so in Katar im Juni 2016 einer holländischen Touristin passiert) oder aber ob das ganze Land sich entrüstet hinter die Opfer von sexueller Gewalt stellt.

Nicht alle Betroffenen von Traumata sind dankbar für Zuwendung und Hilfsangebote. Wenn sie Helfer zurückweisen oder sogar beleidigen (»Danke, aber ich brauche keine Hilfe! Kümmern Sie sich um Ihre eigenen Angelegenheiten!«), dann fühlt man sich leicht persönlich angegriffen. Es ist aber durchaus möglich, dass diese Schroffheit ein weiteres Schocksymptom ist. Natürlich muss das Selbstbestimmungsrecht des Individuums gewahrt bleiben und niemand kann gezwungen werden, ärztliche oder andere Hilfe anzunehmen. Dann bleibt einem nur übrig, offene Hilfsangebote zu machen und einfache Informationen zu geben, die geeignet sind, die Betroffenen dazu zu bringen, Hilfe anzunehmen.

Hier exemplarisch eine Information, die man Menschen geben könnte, die erst kürzlich einen geliebten Menschen verloren haben und alles verschenken, was dem oder der Verstorbenen gehörte:

»Ich kann gut verstehen, dass du den Anblick dieser Gegenstände im Moment nicht ertragen kannst. Es gibt viele Hinterbliebene, denen es genauso geht und die im ersten Moment alles weggeben, wegschmeißen, verkaufen. Aber hinterher bereuen sie das oft. Denn es ist so, dass man in der Trauer verschiedene Phasen durchläuft und dann oft Gefühle hat, die sich widersprechen oder von einem Extrem ins andere gehen. Das ist ganz normal. Experten raten deshalb, in der akuten Schmerzphase keine wichtigen Entscheidungen zu treffen, damit man nichts tut, was man später bereut.«

Überhaupt ist die Vermittlung von Information und Fakten sehr hilfreich, wenn sie der »Normalisierung« dient, denn Betroffene von Trauer und Trauma haben oft Angst, verrückt zu werden oder irgendwie nicht richtig zu fühlen. Dann kann es eine große Erleichterung bedeuten, wenn man erfährt, dass die Gefühle, Bilder, Ängste und Verhaltensweisen, die entstehen, ganz normale Reaktionsweisen auf schreckliche Erlebnisse sind. Allerdings können solche Informationen erst angenommen werden, wenn die Schockphase abklingt.

Der Beginn einer Therapie oder Beratung

Wie in jeder Therapie und Beratung sind die ersten Sitzungen wichtig, um Vertrauen zu schaffen und den Grundstein zu legen für eine gute Zusammenarbeit. Doch wenn ein Trauma im Raum steht, gibt es noch weitere Aspekte zu bedenken. Traumaopfer leiden, wie schon mehrmals betont, unter dem Gefühl der Hilflosigkeit. Daher ist es wichtig, ihnen von Anfang an zu helfen, Dinge wieder selbst zu regeln, und ihnen das Gefühl zu geben, den Prozess der Therapie mitzugestalten. Das bedeutet, man sollte ihnen genau erklären, welche Techniken man anwendet und wie sie funktionieren. Auch ein Gespräch über mögliche Folgen ist wichtig. So sollten sich Patienten klar darüber sein, dass die Auseinandersetzung mit dem Trauma Gefühle wieder hochkommen lassen kann, die schwer auszuhalten sind.

Von Anfang an muss daher auch eine mögliche Retraumatisierung Thema sein. Hier kann eine Skala (im dritten Teil dieses Buches finden Sie eine Vorlage dazu, Seite 107 ff.) hilfreich sein, um den Patienten zu helfen, Gefühle und Erlebnisse einzuordnen: Wie viel Intensität, Angst und Aufregung halten sie aus? Können sie überhaupt einschätzen, wie groß die jeweilige Belastung ist? Spüren sie die emotionale Aufregung auch körperlich? Wo? Welche Anzeichen weisen darauf hin, dass die Patienten überfordert sind und Hilfe brauchen? An diese Analyse muss sich natürlich auch ein Gespräch über Lösungen anschließen: Welche Stärken haben die Patienten? Welche Schritte können sie unternehmen, wenn die Belastung ansteigt? Beruhigungsübungen können eingeübt werden und konkrete Szenarien besprochen werden mit Telefonnummern, Handlungsvorschlägen und weiteren Anlaufstellen für den Notfall. Eventuell können auch Abmachungen getroffen werden, etwa dass Patienten sich nicht selbst verletzen oder dass sie vor der Umsetzung von Selbsttötungsgedanken eine bestimmte Nummer wählen.

Ganz allgemein sollten folgende Leitideen von Anfang an den Gesprächsverlauf bestimmen:
- Patienten sollen einen geschützten Raum erleben, in dem sie sich sicher fühlen.
- Patienten sollen das Gefühl haben, dass hier ein Ort ist, an dem sie über alles reden können. Sie sollen sich angenommen und verstanden fühlen.

- Patienten sollen ihre eigene Reaktion als verständlich und normal erkennen können.
- Patienten sollen erfahren, dass traumatische Reaktionen und Trauer in gewissen Phasen ablaufen und dass nach einigen Monaten üblicherweise eine Verbesserung der Symptome zu erwarten ist.
- Patienten sollen zu Experten werden, was ihre eigene Befindlichkeit angeht. Sie sollen die Zeichen von Stress und Belastung erkennen können und wissen, was ihnen in diesen Momenten hilft.
- Patienten sollen das Gefühl haben, dass sie den Gesprächsverlauf aktiv mitbestimmen können und dass ihre Ideen und Vorschläge aufgenommen werden.
- Patienten sollen spüren, dass die Therapeutin mitfühlt und sie begleitet, ohne dabei selbst in die Depression oder Hoffnungslosigkeit gezogen zu werden.
- Patienten besitzen innere Stärken, die aktiviert werden können/müssen.
- Patienten wissen, was sie brauchen, auch wenn dieses Wissen im Moment nicht zugänglich ist.
- Obwohl die Verarbeitung von Trauer und Trauma meist relativ lange dauert, haben Patienten in der akuten Schmerzphase keinen Sinn für Langzeitziele. Daher sollten Ziele anfangs, wenn überhaupt, so formuliert werden, dass sie in relativ kurzer Zeit erreicht werden können.

Wir sehen und verstehen das Ausmaß der Verzweiflung und Hoffnungslosigkeit, wir stehen bei, und bleiben dabei doch zuversichtlich, dass auch für diese Patienten ein lebenswertes Leben wieder möglich ist. Das, was sie für die Heilung brauchen, ist bereits als inneres Wissen, Stärke oder Weisheit vorhanden. So erklären wir auch unsere Rolle: Wir sind Begleiter, die auf einer überschaubaren Strecke mit Empathie und

Informationen zur Seite stehen und helfen, den richtigen Weg zu finden. Das heißt, wir machen keine Versprechungen, an denen wir nur scheitern können! Es gilt auch, uns selbst vor der eigenen hohen Erwartung zu schützen. Das Ziel ist nicht, Trost zu geben und zur Heilung beizutragen. Wir wissen zwar, dass in den allermeisten Fällen am Ende des Weges ein neues Leben möglich ist, aber dies wird von den Betroffenen erreicht, nicht von uns! Die Aufgabe der Begleiter besteht erst einmal nur darin, verlässliche und empathische Zuhörer zu sein, die Verständnis, Ruhe und Zuversicht ausstrahlen. Wenn wir uns ganz darauf konzentrieren, also auf das Hier und Jetzt, und nicht etwa auf den Wunsch, etwas Tröstliches sagen oder Bestimmtes bewirken zu wollen, dann kommt unsere Haltung meist auch als tröstlich an.

Empathisch zuhören und verstehen – das hört sich erst einmal recht machbar an. Oder ist selbst das schon zu viel verlangt? Nicht nur die Hilfesuchenden haben da ihre Zweifel, ob jemand ihr Leid verstehen kann, auch Helfer fühlen sich schnell verunsichert. Wie sollen sie denn das Ausmaß des Leides verstehen, wenn sie selbst die Erfahrung nie gemacht haben, die hier beschrieben wird? Was, wenn sie nie Missbrauch erlitten haben? Folter nur aus den Medien kennen? Nie ein Kind verloren haben, ja noch nicht einmal Kinder haben? Wenn sie nicht tagtäglich mit Rassismus konfrontiert werden? Wenn sie viel jünger sind als die Menschen, die vor ihnen sitzen? Oder vom anderen Geschlecht? Wenn sie noch nie um jemanden trauern mussten?

Die gute Nachricht ist: Wir müssen nicht vollständig verstehen, was die Menschen vor uns durchgemacht haben. Denn selbst wenn wir eine fast identische Erfahrung gemacht hätten, dann wüssten wir trotzdem nicht, was genau diese Person fühlt und denkt. Es wird also so oder so eine für uns neue Erfahrung sein. Das kann man ruhig zugeben:

»Niemand außer Ihnen weiß, wie es in Ihrem Innersten aussieht und wie tief der Abgrund ist, der sich vor Ihnen aufgetan hat. Ich möchte Ihnen gern zur Seite stehen und Sie ein Stück des Weges begleiten. Ich weiß nicht, was wir erleben werden. Aber ich bin bereit dazu, mit Ihnen gemeinsam in den Abgrund zu schauen.«

Diese Bereitwilligkeit, sich auf die Erfahrung des Gegenübers einzulassen, ist keine Selbstverständlichkeit. Menschen, die Schreckliches erlebt haben, machen immer wieder die Erfahrung, dass andere Personen die Erzählungen gar nicht hören wollen oder können. Weil es sie erschreckt, verstört, ungläubig zurücklässt, unter Druck setzt, am Guten im Menschen zweifeln lässt oder was auch immer die Gründe dafür sind. So sagte die Mutter eines bekannten Entführungsopfers in einer Talkshow im Deutschen Fernsehen, sie habe alle Bücher und Artikel über ihre Tochter gesammelt, aber gelesen habe sie davon nichts. Sie könne das einfach nicht, sie wolle das gar nicht genau wissen, was ihrer Tochter passiert sei. Das bedeutet aber doch, dass sie einen bedeutenden Anteil der Tochter nicht kennt und auch nicht sehen will. Damit diese aber in ihrem wiedergewonnenen Leben sie selbst sein kann, muss sie jemanden finden, der sie mit allen Anteilen sieht und annimmt. Das bedeutet, sie muss jemanden finden, der diesen Schritt gehen kann, der sich mit ihr in die Geschichte begibt und das aushält, was sie zu erzählen hat. Der sicherlich auch dann immer noch nicht genau weiß, was das damalige Kind gefühlt und durchgemacht hat, der aber dem Grauen ins Auge sehen kann und dem Unfassbaren standhält, sodass zumindest jetzt, im Nachhinein, die Einsicht möglich ist: Ich bin nicht mehr allein.

An dieser Stelle sollte ich vielleicht betonen, dass die Erzählung des Grauens und das Hervorholen der tiefsten Gefühle meist am Anfang noch gar nicht anstehen. Es muss sich ja erst ein gewisses Vertrauen etablieren. Die Frage aber »Hältst du das aus?« existiert von Anfang an auf beiden Seiten. Die Verantwortung liegt aufseiten der Helfer. Sie müssen die Sicherheit haben, dass sie, auch ohne vergleichbare Erfahrungen gemacht zu haben, die Bereitwilligkeit haben, sich bedingungslos auf die Seite der Erzählenden zu stellen, um ihre Geschichte zu hören. Und die Stärke, dies auch auszuhalten und die Last zu tragen. Dafür brauchen Helfer ein gutes Netzwerk von Kolleginnen, Supervisoren sowie Möglichkeiten zur Entspannung und zum Auftanken.

Darüber hinaus brauchen die Helfer ein gutes Einfühlungsvermögen, Unvoreingenommenheit, Offenheit und selbstverständlich auch Wissen. Während die Hilfesuchenden praktisches Wissen haben, verfügen die Helfer, neben ihren persönlichen Erfahrungen mit dem Thema, vor allem auch über theoretisches Wissen über das Wesen von Trauer und Trauma. Dieses können sie einsetzen, um den Patienten und Ratsuchenden zu helfen, sich selbst zu verstehen und ihre Reaktionen besser einordnen zu können.

Am Anfang genügt eine einfache Erklärung, was ein Trauma bewirkt und welche Hilfen es gibt:

Das Trauma hat eine Alarmreaktion ausgelöst und dazu geführt, dass Stresshormone ausgeschüttet wurden. Diese bewirken, dass Dinge anders wahrgenommen werden. Typisch sind die Abspaltung von Gefühlen, das Festfrieren von Erinnerungen, das Wiedererleben des Traumas nach bestimmten Auslösern (Triggern). Diese Blockierungen und Stressreaktionen können aufgelöst werden. Das Gehirn kann isolierte Teilbereiche wieder vernetzen, die linke und rechte Gehirnhälfte können wieder synchron agieren, und Trigger, die Flashbacks auslösen, können neutralisiert werden. Durch einfache Atem- und Wahrnehmungsübungen lernen Patienten, sich selbst zu beruhigen, Angstzustände zu reduzieren und wieder die Kontrolle über ihr Leben zurückzugewinnen.

Bei Entwicklungs- bzw. Beziehungstraumata, also bei Patienten, die aufgrund von defizitären Bindungserlebnissen in der Kindheit keine gesunden Persönlichkeitsstrukturen entwickelt haben, ist es natürlich mit Gehirnübungen allein nicht getan. In diesem Fall kann Patienten vielleicht erklärt werden, dass sie verschiedene Persönlichkeitsanteile haben, die den Schmerz und die Verletzungen tragen. So kann es sein, dass ein erwachsener Anteil zwar genau weiß, was vernünftig ist, aber ein anderer Anteil dennoch immer wieder Unvernünftiges tut oder sich immer wieder mit Menschen einlässt, die nicht gut für einen sind. Es gibt Anteile, die sich nach Liebe sehnen, andere, die misstrauisch sind oder leicht wütend werden, und weitere Anteile, die Erinnerungen unterdrücken, weil sie zu schrecklich sind. Die Therapie hat hier das Ziel, die verschiedenen Anteile zu versöhnen und zu einem Ganzen zusammenzufügen, sodass das eigentliche Ich die Kontrolle zurückerhält und auch biografische Brüche integrieren kann.

Zuweilen interessieren sich Patienten allerdings zu Anfang gar nicht für das in weiter Ferne liegende Ziel. So weit können sie gar nicht denken, weil der akute Schmerz viel zu präsent ist. Vielleicht wollen sie die Trauer auch gar nicht »überwinden«, aus Angst, damit die verstorbene Person endgültig zu verlieren. Oder sie wollen das Trauma nicht vergessen, aus Angst, dann ungeschützt und unvorbereitet wieder Opfer werden zu können. Häufig kommen Patienten nicht in die Therapie, weil sie »geheilt« werden wollen, sondern weil sie Schwierigkeiten haben, das tägliche Leben zu meistern. Es geht also um den Wunsch, bei der Bewältigung des Alltags Hilfe zu bekommen, oder auch um ein ganz bestimmtes Anliegen: Patienten wollen über das Schreckliche sprechen, über die verstorbene Person oder das traumatische Erlebnis. Oder sie wollen ein bestimmtes Bild nicht mehr sehen müssen. Oder sie wollen endlich wieder schlafen können.

Solche dringlichen Wünsche oder Bedürfnisse müssen gehört und validiert werden. Menschen sind erst dann aufnahmefähig für andere Dinge, wenn die im Vordergrund stehenden Anliegen behandelt werden. Daher sollte man zu Beginn immer erfragen, was Patienten sich erhoffen und was für sie am Drängendsten ist. Nur darf man sich nicht dazu verleiten lassen, Versprechungen zu machen, die nicht realistisch sind. Aber ein wenig Hoffnung genügt oft schon, um Patienten das Ankommen zu erleichtern und eine Arbeitsatmosphäre zu ermöglichen:

»Dieses Bild geht Ihnen einfach nicht aus dem Kopf. Ich sehe, dass Sie praktisch gar nicht mehr am Leben teilhaben können, weil Sie nur immer wieder dieses Bild vor Augen sehen. Daran müssen wir arbeiten. Wir müssen erreichen, dass Sie das Bild auch mal abstellen können. Lassen Sie uns das ganz oben auf die Prioritätenliste setzen!«

In manchen Fällen können Medikamente helfen, Patienten zu beruhigen oder Ängste zu reduzieren. Allerdings sollte klar sein, dass eine solche Behandlung nur dazu dient, die Arbeit an den Traumafolgen zu ermöglichen, und dass die Medikamente nur vorübergehend eingesetzt werden sollen. Denn die Symptombehandlung allein wird nicht dazu führen, dass Patienten am Ende das Trauma verarbeitet haben. Im Gegenteil, am Beispiel von alkoholabhängigen Menschen lässt sich belegen, dass ein nicht verarbeitetes Trauma auch nach Jahren der Selbstmedikation immer noch genauso belastend ist wie anfangs. So fühlen sich viele Patienten nach dem Entzug überwältigt von Emotionen und Erinnerungen, die auf Traumata in der Kindheit deuten, und müssen noch einmal ganz von vorn anfangen mit der Verarbeitung dieser Erlebnisse.

Das Geschehene begreifen

Für Traumaopfer, aber auch für Hinterbliebene, gilt gleichermaßen: Die Welt dreht sich seit dem verheerenden Ereignis in einem anderen Tempo. Sie ruckelt. Sie dehnt sich ins Unendliche. Sie ändert die Reihenfolge. Betroffene stecken noch immer im Moment des Geschehens fest und kommen einfach nicht im Hier und Jetzt an. Immer wieder wird das Grauen erinnert, der Tod erlebt.

Sie kennen sicherlich die Phasen der Trauer: Schock macht Platz für Verzweiflung, gefolgt von der Suche nach einem Ausweg (Verhandlungsphase) oder Wut. Am Ende steht im günstigen Fall Akzeptanz und eine Wiederkehr ins Leben. Der Weg dahin ist lang und mühselig. Er führt in viele Sackgassen und Abzweigungen, die sich im Kreis zu drehen scheinen. Dabei tauchen immer wieder gewisse Aufgaben auf, die erledigt werden müssen, um ein kleines Stückchen weiterzukommen.

Eine dieser wichtigen Aufgaben ist es, das Geschehene zu begreifen. Viele Betroffene erzählen immer wieder, was geschehen ist, als könnten sie es einfach nicht fassen, selbst kaum glauben. Hinterbliebene sprechen von der verstorbenen Person, weil sie sowieso an nichts anderes denken und alles Bezug zu ihrer Trauer hat. Nach einiger Zeit kann es dann vorkommen, dass Freunde und Familienangehörige die Geschichten nicht mehr hören können oder wollen. Oder die Betroffenen selbst haben ein schlechtes Gewissen, weil sie nur noch ein Thema kennen, und beschließen, lieber zu schweigen – auch wenn im Inneren das eine Thema weiter allen Raum einnimmt. Dann ist es wichtig, dass sie die Möglichkeit bekommen, über das zu reden, was sie wirklich bewegt.

Begleiter und Therapeuten hören zu. Sie fühlen mit und spiegeln Gefühle: »Das war ein furchtbares Erlebnis. Man spürt, wie überwältigt und hilflos Sie sich gefühlt haben.« Patienten können so beginnen, selbst Worte für ihre Gefühle zu finden. Vielleicht fragt man auch nach: »Wo genau sitzt die Angst?« Dies gibt Patienten die Möglichkeit, wieder in Kontakt zu ihrem eingefrorenen Körper zu treten und ihn zu spüren.

Wenn Patienten alles erzählt haben und trotzdem immer wieder von vorn beginnen, dann unterbindet man dies nicht, sondern versteht, dass hier ein neuer Ansatz gefunden werden muss. Es gilt, Patienten zu helfen, die festgefrorenen Bilder wieder in Bewegung zu setzen. Durch Fragen kann man sie dazu bringen, vergessene Wahrnehmungen zu aktivieren und den Moment aus der Isolation zu lösen und ihn in einen Bezug zum Vorher und Nachher zu setzen:

»Was haben Sie noch gesehen? Hatte das einen Geruch? Was haben Sie vorher gemacht? Was passierte dann? Welche Farben haben Sie bemerkt? Wo waren Ihre Hände? Hatten Sie Bilder im Kopf, als das geschah? Wussten Sie, dass das passieren würde? Haben Sie bemerkt, was die anderen getan haben? Haben Sie Geräusche wahrgenommen oder war alles ganz still?«

Das Ziel ist es, dem Gehirn zu helfen, die isolierten Anteile und Akteure wieder miteinander zu verbinden. Denn es sind isolierte Wahrnehmungen, also Geräusche oder Bilder, die später zu sogenannten Triggern werden und dann jederzeit das Wiedererleben des Traumas auslösen können und den Betroffenen das Gefühl geben, wieder mitten im Geschehen zu stecken. Für das Gehirn ist es nämlich so: Wenn ein Element des Traumas wiedererlebt wird, ist für das Gehirn nicht erkennbar, dass die Gefahr doch eigentlich vorüber ist. Das ganze Notfallprogramm wird wieder abgespult: Hormonausschüttung, Angstgefühle, Terror. Die Betroffenen haben einen Flashback.

Daher sind auch andere Techniken, die das Gehirn bei der Vernetzung und Auflösung von Blockaden unterstützen, sehr hilfreich in der Behandlung von Traumata. In meinem Buch »Trauma verstehen und heilen« (2016) habe ich eine Vielzahl an Anregungen gegeben. Dazu zählen vor allem Übungen, die ermöglichen, sich selbst, also Gefühle und den eigenen Körper, besser wahrzunehmen: Achtsamkeitsübungen, Meditation, Visualisierungen. In diesem Zusammenhang wird häufig der Begriff Entspannungsübungen benutzt. Natürlich wirken die eben genannten Übungen entspannend. Es sollte aber nicht vergessen werden, dass viele Traumaüberlebende ständig Gefahr laufen, von Erinnerungen und negativen Gedanken überflutet zu werden, sodass eine bloße Entspannung, was ja ein Loslassen von Kontrolle bedeutet, die Erregtheit sogar noch vergrößern kann. Daher ist es besser, bei solchen Übungen einen spezifischen Fokus zu setzen: durch Achtsamkeit und eine gezielte Verbindung zu Körperempfindungen wird das Ich im Hier und Jetzt verankert. Dadurch, dass die Gefühle lokalisierbar sind, werden sie fassbarer, gleichzeitig wird aber auch klar, dass sie vorübergehend sind, dass sie nicht alles dominieren, sondern dass Raum da ist auch für andere Empfindungen.

Körperwahrnehmungsübungen sind übrigens auch bestens geeignet, um die Helfer selbst vor einer sekundären Traumatisierung zu schützen! Um mich in diesem kleinen Buch nicht zu oft zu wiederholen, werde ich dies nur einmal erwähnen, aber bitte überspringen Sie diesen Hinweis nicht! Wer immer wieder mit dem Trauma von anderen Menschen zu tun hat, läuft Gefahr, selbst unter posttraumatischen Störungen zu erkranken. Überlasten Sie sich nicht und erlauben Sie sich zwischendurch immer wieder, sich selbst zu spüren, achtsam zu sein und Ihre Gefühle zu verarbeiten. Holen Sie sich Ihrerseits Unterstützung, Supervision oder Beratung!

Visualisierungen gehören, wie bereits genannt, auch zu den Maßnahmen, die heilen können. Dabei wird die Unfähigkeit des

Gehirns genutzt, zwischen fantasierten und realen Geschehnissen zu unterscheiden. Denn wenn das Gehirn bei jedem Flashback die erinnerten Traumasequenzen für real hält, dann ist es auch möglich, tröstende und stärkende Fantasien zu entwickeln, die dann vom Gehirn ebenso für bare Münze genommen werden. Tatsächlich gelingt es in der Meditation, therapeutischen Hypnose oder durch eine gute Visualisierung, imaginierte Bilder und Situationen zu kreieren, auf die Patienten zurückgreifen können, wenn sie Trost oder Mut brauchen. Die Entwicklung eines *Sicheren Ortes* (siehe Vorlage im Dritten Teil, Seite 111 ff.) sollte daher schon früh in die Behandlung eingeschlossen werden.

Es kann auch vorkommen, dass Patienten Dinge erzählen oder Glaubenssätze ausdrücken, die man selbst nicht für plausibel hält. So sind viele Traumaopfer, aber auch Hinterbliebene überzeugt, Schuld und Verantwortung zu tragen: »Ich hätte das verhindern können! Ich hätte das vorhersehen müssen! Er ist zu schnell gefahren, weil ich ihn am Tag vorher eine ›lahme Ente‹ genannt habe.« Diskussionen darüber, ob der Patient Recht hat oder nicht, sind völlig kontraproduktiv. Patienten lassen Einwände wie »Das ist doch nicht Ihre Schuld!« nicht gelten – sie wissen es besser. Vielleicht äußern sie ihre Selbstvorwürfe aber gar nicht, weil schon zu viele Außenstehende negativ und unverständig reagiert haben oder weil die Scham zu groß ist.

Offensichtlich wird hier um eine Antwort gerungen. Wenn Betroffene immer wieder die gleichen Fragen oder Selbstvorwürfe im Kopf hin und her wälzen, dann sind sie auf der Suche. Doch das, was sie suchen, können sie nur selbst finden. Manchmal hilft natürlich eine sachliche Erklärung:

»Menschen im Schock reagieren mit einer Art Schockstarre. Die wird von einem Befehl im Stammhirn ausgelöst, da hat die Vernunft gar keinen Einfluss drauf. Das erklärt auch, warum Sie in dem Moment wie gelähmt waren und nichts tun konnten.«

Wenn diese Erklärung angenommen wird und Erlösung bringt – wunderbar. Wenn nicht, dann hat es keinen Sinn, die Schuld weiter ausreden zu wollen. Das wird dann oft so aufgefasst, als verstehe man einfach nicht, wieso sich die Betroffenen schuldig fühlen. Was man hier tun kann, ist, Betroffenen zu helfen, die Fragen neu zu stellen, die Perspektive zu wechseln, festgefahrene Argumentationsketten aufzubrechen und so der Antwort näherzukommen:

»Wieso glauben Sie, dass Sie Schuld haben? Was hätten Sie anders gemacht, wenn Sie das vorhergesehen hätten? Gibt es auch eine andere Erklärung dafür? Welche Gründe könnte es für den Suizid geben? Was würde es bedeuten, wenn es gar keinen Grund für diesen Tod geben würde, wenn er also gleichsam völlig sinnlos wäre? Wie würde die Tote selbst das sehen? Welche Gefühle hatte der Tote für Sie am Ende, was glauben Sie? Was hätte passieren müssen, um den Täter von seinem Vorhaben abzubringen? Hätten Sie diese Entscheidung auch getroffen, wenn Sie gewusst hätten, was passieren würde? Konnten Sie das wissen?«

Teilweise werden hier schon Themen angesprochen, die im Verlauf der Behandlung immer wieder auftauchen werden: die Frage nach der Schuld, nach dem Sinn, nach Vergebung, nach Hoffnung. Sie können sicherlich nicht gleich zu Anfang beantwortet werden, und das kann man den Patienten auch so vermitteln:

»Das sind bedeutsame Fragen. Ich glaube, wir werden noch öfter darauf zurückkommen. Ja, vielleicht sind das Fragen, die Sie von nun an begleiten werden und auf die Sie immer wieder neue Antworten finden werden.«

Oder aber man nimmt einfach zur Kenntnis, wie schwer es ist, neben der Trauer auch noch das Gefühl der Schuld tragen zu müssen. Natürlich dürfen die Helfer trotzdem ihre eigene Meinung ausdrücken:

»Ihnen haben schon so viele Menschen gesagt, dass Sie keine Schuld haben. Ich selbst sehe übrigens auch keine Schuld darin, dass Sie den Unfall nicht vorhergesehen haben. Aber ich verstehe, dass dieses Schuldgefühl Sie trotzdem plagt und dass ich Ihnen dieses Gefühl nicht abnehmen kann. Sie leiden unter dem Verlust, unter dem Tod und unter Ihrem Schuldgefühl. Was für eine große Belastung!«

Im Folgenden, wenn es um Integration und Vergebung geht, werde ich auf das Thema Schuld noch einmal zurückkommen. Es sind aber nicht nur die Schuldgefühle, die das Erzählen der traumatischen Erlebnisse so schwer machen. Oft ist es auch die Angst, aufs Neue überwältigt zu werden. Denn jedes Wiedererinnern bringt auch die Gefühle wieder an die Oberfläche und manchmal verschlimmern sich diese sogar noch. Durch den therapeutischen Rahmen werden manchmal auch verschüttete Anteile der Erinnerung aufgetaut, sodass es durchaus möglich ist, dass Betroffene in einen hohen Erregungszustand geraten. Es ist daher wichtig, von Anfang an die oben erwähnten Übungen einzuführen, damit Patienten erleben können, dass sie selbst in der Lage sind, ihre Erregung zu kontrollieren und wieder herunterzufahren. Zu diesem Zweck werden die bereits erwähnten Visualisierungen, Achtsamkeitsübungen und Selbstbeobachtungstechniken eingesetzt. Weiterhin kann die weiter unten beschriebene Videotechnik eingeführt werden (Seite 59). Hierbei lernen die Patienten, ihre eigene Geschichte als Film abzuspielen, der jederzeit angehalten, vor- oder zurückgespult werden kann. Auch dies erlaubt ihnen, die Kontrolle über die Geschichte wiederzuerlangen und ihr nicht mehr in dem Maße ausgeliefert zu sein.

Zuweilen stellt sich den Zuhörern die Frage, ob man Patienten alles glauben soll. Denn manchmal scheint die Realität alle Fantasie zu übersteigen. Es gibt Geschichten, die möchte man lieber nicht glauben. In der Tat, völlig ausgeschlossen ist es nicht, dass Menschen lügen. Es mag dafür manchmal Gründe geben (eine bessere Aussicht auf Asyl; der Wunsch, dass eine bestimmte Person verurteilt wird; eine psychische Störung liegt vor, wie etwa das Münchhausen-Syndrom oder eine psychopathische Persönlichkeitsstörung). Doch in der Regel merken das die Begleiter nach einiger Zeit. Es kommt ja auch gar nicht so sehr auf die Einzelheiten der Geschichte an. Während früher in einer Traumatherapie das genaue und detaillierte Erzählen aller Einzelheiten des Traumas wichtig war, gehört dies heute nicht mehr unbedingt dazu. Es geht mehr um Eindrücke, Gefühle und Empfindungen. Ich möchte das an einem Beispiel aus meiner Praxis erläutern:

Eine Patientin kam zu mir, weil sie jahrelang von einem Sporttrainer missbraucht worden war. Sie erzählte mir in jeder Stunde weitere Einzelheiten des Missbrauchs, immer neue Geschichten kamen hinzu, die, zugegeben, immer abstruser wurden. Ich muss außerdem gestehen, dass ich noch ziemlich am Anfang meiner Laufbahn war und noch nicht viel therapeutische Erfahrung hatte. Meine Supervisorin riet mir, nicht alles zu glauben, sondern die Patientin durch geschickte Fragen dazu zu bringen, Widersprüche aufzudecken. Auch ein hinzugezogener Psychiater äußerte Zweifel an ihrer Glaubwürdigkeit. Doch ich empfand die Gefühlsäußerungen meiner Patientin als so authentisch, dass ich meiner Patientin weiterhin glaubte. Bis sie mir eines Tages sagte, dass es diesen Missbrauch nie gegeben hatte. Es war alles erfunden. Aber eigentlich doch nicht. Es hatte wirklich schrecklichen Missbrauch in ihrer Kindheit gegeben, aber es war nicht ihr Sporttrainer, sondern jemand, der ihr sehr viel näher stand. Dieser Wahrheit hatte sie aber nicht ins Auge sehen können und so entstand eine alternative Geschichte, die ihr Erleben und Grauen erklären sollte. Wenn ich sie vorschnell der Lüge bezichtigt hätte, wären wir wahrscheinlich nie zu den wirklichen Geschehnissen vorgedrungen.

Symptome erkennen und bearbeiten

Im ersten Teil dieses Buches wurden Symptome angesprochen, die traumatypisch sind und daher auch im Fall einer komplizierten Trauer auftreten können. Solange sie im Vordergrund stehen, ist es für die Betroffenen schwierig, die Trauer zu verarbeiten. Daher sollten solche belastenden Symptome vorrangig angegangen werden. Wenn allerdings diese Symptome so gravierend sind, dass die Betroffenen zum Beispiel das Haus nicht mehr verlassen, nicht mehr arbeiten können oder wenn die Symptome immer schlimmer zu werden scheinen, dann sollte eine gezielte Traumatherapie erwogen werden. Ich möchte an dieser Stelle noch einmal wiederholen, dass es in diesem Buch nur um Menschen geht, die zusätzlich zur Trauer auch von einem Trauma betroffen sind, davon aber nicht völlig aus der Bahn geworfen wurden. Patienten, die aufgrund eines Traumas erhebliche Einschränkungen haben, sich selbst verletzen, suizidgefährdet erscheinen oder im Moment mit dem Leben einfach nicht zurechtkommen, kann in einer spezifischen Traumatherapie am besten geholfen werden!

Eine spezielle Psychotraumatherapie wird von zertifizierten Psychotherapeuten und Ärzten angeboten, wobei es durchaus unterschiedliche Ansätze gibt: etwa MPTT (Mehrdimensionale Psychodynamische Traumatherapie) nach Gottfried Fischer (2011), PITT (Psychodynamisch-Imaginative Traumatherapie) nach Luise Reddemann (2013) oder IRRT (Imagery Rescripting and Reprocessing Therapy) nach Mervin Smucker. Egal, welcher

Ansatz gewählt wird, wichtig ist in jedem Fall, dass integrativ gearbeitet wird, dass also Erkenntnisse und Methoden genutzt werden, die die neurologischen, physiologischen und psychologischen Auswirkungen eines Traumas im Auge haben. Symptome werden als verständliche und folgerichtige Reaktionen auf ein nicht zu bewältigendes Geschehen begriffen. Mit anderen Worten: Nicht die Betroffenen sind verrückt, sondern das, was mit ihnen geschehen ist. Die Heilung kann nicht von außen zugeführt werden, sondern entwickelt sich aus dem Inneren der Patienten heraus. Das setzt voraus, dass innere Kräfte und Kapazitäten identifiziert und freigesetzt werden müssen. Welche Techniken genau eingesetzt werden, ist von Fall zu Fall unterschiedlich – von hochtechnologischen Interventionen über psychoanalytische und verhaltenstherapeutische Maßnahmen bis hin zu einfachen Atemübungen und Massagen ist alles möglich. Es ist angesichts der Komplexität von Trauma nicht sinnvoll, sich auf einen Ansatz zu beschränken.

Ich werde im Folgenden einige der Techniken beschreiben, die innerhalb einer Traumatherapie angewendet werden können. Dies soll aber nicht als Anregung verstanden werden, sie beliebig einzusetzen. Was ich hier in nur wenigen Sätzen umreiße, wird in oft jahrelangen Ausbildungen gelehrt. Wer diese Techniken nicht wirklich beherrscht oder keine therapeutische Arbeit macht, sollte sie nicht anwenden, denn sonst kann größerer Schaden als Nutzen entstehen! Allerdings glaube ich, dass auch nichttherapierende Helfer wissen sollten, welche Methoden es gibt und was ihre Klienten in einer speziellen Traumatherapie erwartet. Zudem ist es gut zu wissen, dass die Symptome durchaus behandelbar sind und gute Aussichten bestehen, sie in den Griff zu bekommen.

Was also tun, wenn Trauernde zusätzlich von Traumata betroffen sind, aber keine spezifische Traumatherapie machen wollen oder können? Wenn ich eben davor warne, Traumaüberlebende mit schwersten Folgesymptomen (dissoziativen Störungen, Borderline-Persönlichkeitsstörungen) in einer Trauerberatung zu behandeln, dann heißt das im Umkehrschluss, dass Menschen mit milderen Formen einer posttraumatischen Belastung durchaus von solch einer Beratung profitieren können. Dabei werden sicherlich einzelne Symptome auftreten oder zum Thema werden. Bei großem Leidensdruck suchen die Ratsuchenden verzweifelt nach Wegen, wie sie diese Symptome wieder loswerden können. Dann hilft es, das Symptom erst einmal zu ent-teufeln.

Belastende psychische Symptome entstehen anfangs, um etwas Schlimmes abzuwehren oder in den Griff zu bekommen. Mit anderen Worten, die ursprüngliche Intention ist immer positiv! Die betroffene Person hat, so gut es eben ging, auf eine traumatische Situation reagiert. So erklären sich Angst und Schreckhaftigkeit als Versuch, jederzeit Gefahr zu erkennen und bereit zu sein. Dissoziation, also das Ausschalten von unangenehmen Gefühlen und Wahrnehmungen, ist der Versuch, unter den widrigsten Umständen das emotionale Gleichgewicht zu halten. Es lohnt also auf jeden Fall, erst einmal zu hinterfragen, welche Grundintention in dem jeweiligen Symptom steckt, und den Betroffenen so zu helfen, die Leistung anzuerkennen, die in ihren Bewältigungsversuchen steckt. Viele Menschen machen sich selbst Vorwürfe, statt anzuerkennen, dass es ihnen in der spezifischen Situation gar nicht möglich war, besser zu reagieren.

Den Patienten, die sagen: »Ich bin so schwach und gezeichnet, dass ich mich nicht mal mehr in die U-Bahn traue«, helfen wir, das Symptom umzuformulieren: »Das Ereignis war so schrecklich, dass mein Geist erst einmal den Ausnahmezustand aktiviert hat. Meine Angst hat die Aufgabe übernommen, mich vor erneuter Gefahr zu warnen.« Durch diesen Perspektivenwechsel wird es möglich, die Scham beiseite zu schieben und ein neues Ziel ins Auge zu fassen. Denn ist das Symptom erst einmal anerkannt oder sogar wertgeschätzt, wird es paradoxerweise möglich, es aufzulösen.

Ein weiterer Aspekt ist der, dass Symptome nur sekundäre Folgen des Traumas sind. Vorausgegangen sind Veränderungen im Gehirn, die durch das Trauma ausgelöst wurden. Bilder wurden eingefroren, Emotionen isoliert, Nervenverbindungen unterbrochen, falsche Zusammenhänge und Erklärungen gefunden. Die bereits erwähnten Achtsamkeits- und Visualisierungsübungen (Seite 41f.) zielen darauf ab, genau diese Schäden zu reparieren, und leisten somit auch einen Beitrag zur Symptombefreiung.

Hier nun die Liste der therapeutischen Interventionen, von denen einige nur von ausgebildeten Fachkräften durchzuführen sind, aber andere, wie etwa die Videotechnik, durchaus in eine Trauerberatung integrierbar sind.

Flooding

Flooding, bzw. Reizüberflutung, wird von Verhaltenstherapeuten eingesetzt, um Patienten mit Angststörungen von ihren Ängsten zu befreien. So könnte jemand, der Angst vor Spinnen hat, so lange mit einer oder mehreren Spinnen konfrontiert werden, bis die Ängstlichkeit zurückgeht. Denn die Angst geht irgendwann zurück. Nur kommen Patienten mit Phobien von allein nie zu dieser Erkenntnis, weil sie die angstauslösenden Dinge oder Situationen stets vermeiden. Es ist daher oft sehr heilsam, zu erleben, dass der vermeintliche Totalzusammenbruch bei der Begegnung mit dem Schreckgespenst ausbleibt und stattdessen die Erregtheit abnimmt. Natürlich muss eine solche Intervention öfter geübt werden.

Für Traumapatienten kann die Methode abgewandelt werden. Häufig ist die Erinnerung an das Trauma zwar sehr präsent, wird aber nicht wirklich zugelassen. Bei den ersten Erinnerungsfetzen oder -bildern bemühen sich die Betroffenen, der Erinnerung zu widerstehen, um nicht wieder den ganzen Horror zu spüren. Diese Bemühungen nützen aber meistens nichts und der Horror zieht sich umso mehr in die Länge. In der Therapiesitzung können Patienten das traumatische Erlebnis mit möglichst großer Detailfülle erzählen und dabei auf Band aufnehmen. Diese Audiodatei kann dann gemeinsam in der Stunde noch ein paar Mal abgehört werden, bis der Erregungszustand der betroffenen Person zu sinken beginnt. Das Band kann auch mit nach Hause gegeben werden, sodass es immer wieder abgehört werden kann. Nach einiger Zeit verliert die Erzählung an Brisanz.

Eine andere Technik aus der Verhaltenstherapie ist die systematische Desensibilisierung. Auch hier ist das Ziel, die Ängste aufzulösen, doch findet die Konfrontation mit dem Auslöser nicht gleich zu Beginn statt. Stattdessen werden zunächst relativ harmlose Dinge benutzt, wie zum Beispiel das Bild von einer Spinne. Die Anspannung wird dann in kleinen Schritten langsam gesteigert, sodass in unserem Fall der Kontakt mit der lebendigen Spinne erst ganz am Ende passieren würde.

Kognitive Verhaltenstherapie

In der Kognitiven Verhaltenstherapie werden Glaubenssätze hinterfragt. Dazu werden Dinge überspitzt, verzerrt oder Fragen gestellt:

»Wieso glauben Sie das? Was bedeutet es, nicht liebenswert zu sein? Welche Eigenschaften sprechen dafür, welche dagegen, dass Sie liebenswert sind? Es hat Sie also noch nie jemand geliebt? Sie waren schon als Kind ganz furchtbar und un-liebenswert? Das war sicherlich der Grund, weshalb sich Ihre Eltern haben scheiden lassen? Der Wutausbruch Ihres Sohnes hatte auch damit zu tun, dass Sie nicht liebenswert sind?«

Die Hoffnung dahinter ist, dass die Betroffenen selbst einsehen, dass sie hier übertreiben, bzw. erkennen, wie sehr sie im Schwarz-Weiß-Denken gefangen sind. Für traumatisierte Menschen ist solch eine konfrontative Methode natürlich mit viel Vorsicht zu benutzen. Besser wären nichtkonfrontative Fragen:

»Wie hilft Ihnen dieser Glaube im täglichen Leben? Was würde sich ändern, wenn Sie diesen Glauben (oder dieses Verhalten) ändern würden? Welche neuen Gefahren würden dann auftreten? Wie könnten Sie sich vor diesen Gefahren schützen? Stellen Sie sich dieses neue Verhalten einmal vor! Wie fühlt sich das an?«

Es können auch Bilder oder Worte, die Angst einflößen, verfremdet werden, bis sie nicht mehr als bedrohlich empfunden werden. Das geht ein bisschen so wie die von J. K. Rowling in »Harry Potter« beschriebene Technik, um sich gegen Irrwichter zur Wehr zu setzen. Diese finsteren Wesen verwandeln sich in die Person oder Sache, die einem am meisten Angst macht. Um sie zu bezwingen, nutzen die Angegriffenen den Riddikulus-Zauber: Dabei stellen sie sich die Person oder den Gegenstand in einer möglichst lächerlichen Pose vor. Mit anderen Worten: Das, was einem Angst macht, muss in einem anderen Kontext gesehen werden, um so die Bedeutung zu verlieren. So können traumatisierte Menschen dazu angehalten werden, den Namen der Person oder auch einen Satz aufzuschreiben oder aufzumalen, der ihnen normalerweise Angst macht. Wie genau stellt sich dieses Wort dar? Es wird nach Farbe, möglichem Geruch, Beschaffenheit und anderen Eigenschaften gefragt. Dann wird das Wort verändert: klein oder bunt geschrieben, man malt etwas hinzu oder denkt sich etwas aus, und langsam entsteht das Gefühl, sich diesem Wort (oder Satz) doch nicht so ausgeliefert zu fühlen. Wenn diese Übung wiederholt wird, kann sich die neue Bedeutung soweit verfestigen, dass bei der Erinnerung oder Erwähnung des Wortes nicht mehr die alte Angst hochkommt, sondern das neu erlernte Gefühl.

Kognitive Techniken können auch eingesetzt werden, um sich widersprechende Empfindungen und Erklärungen zu relativieren und aufzulösen. So hassen und lieben Kinder die Eltern, die sie misshandeln, oft gleichermaßen und leiden unter diesem Widerspruch selbst am meisten. Sie hassen das, was ihnen angetan wird, und brauchen und lieben die Eltern natürlich trotzdem. Später transportieren sie diese ambivalente Gefühlslage in ihre erwachsenen Beziehungen hinein und leiden darunter, dass sie zu keiner klaren Haltung kommen können. Hier kann die Therapie den beiden Polen zugeordnete Erklärungsversuche (»Nähe tut weh« vs. »Ich sterbe, wenn ich allein gelassen werde«) aufdecken und durcharbeiten, um schließlich eine kognitive Erkenntnis zu erreichen: »Ich kann mich schützen und darf Nähe zulassen.«

Gruppentherapie

Es ist eine Sache, mit erfahrenen Therapeuten und Beratern über das eigene Erlebnis zu sprechen, und eine andere, mit Menschen zu reden, die ähnliche Erfahrungen gemacht haben. Gerade für Trauernde ist es oft eine große Erleichterung, auf Menschen zu treffen, die ähnlichen Schmerz durchmachen und verstehen, dass auch noch Monate nach dem Verlust ein normales Leben nicht möglich scheint. Trauernde Menschen können auf einer tieferen Ebene mitfühlen als Außenstehende, die eben diese Erfahrung nicht gemacht haben. Endlich ist man wieder Teil einer Gemeinschaft und fühlt sich nicht wie ein einsamer Stern im Weltall, weit entfernt vom Heimatplaneten. In einer Gruppe wechselt das Geben und Nehmen. Manchmal empfängt man Trost und Unterstützung, andere Male teilt man sie aus. Auch dies ist eine wertvolle Erfahrung: Mit dem eigenen Schmerz anderen helfen zu können!

Gefährlich wird es, wenn Einzelne sich in der Gruppe nicht aufgehoben fühlen. So sollte man auf eine gewisse Kohärenz achten. Wenn in einer Trauergruppe fünf Personen um einen Angehörigen trauern, der nach schwerer Krankheit starb, und eine Person einen Partner oder ein Kind durch Suizid verlor, dann wird sich diese Person mit allen Gefühlen, die von Scham, Wut, Schuldgefühlen bis zu eigener Suizidalität reichen können, möglicherweise nicht geborgen fühlen können. Es ist also darauf zu achten, dass die traumatischen Hintergründe beim Vorgespräch erfasst und bedacht werden.

Andererseits sind Gruppen sehr hilfreich, in denen sich Betroffene nach großen Katastrophen zusammenfinden: Nach Flugzeugabstürzen, der Love-Parade-Katastrophe oder ähnlichen Desastern können sich die Hinterbliebenen gegenseitig unterstützen. Im günstigen Fall verhindern solche Gruppentreffen, dass sich einzelne Symptome überhaupt entwickeln.

Einzel- und Gruppentherapie schließen sich nicht aus. Im Gegenteil, es ist oft sehr hilfreich, wenn Betroffene beides parallel machen. Ermutigen Sie also Ihre Patienten, sich eine Gruppe zu suchen, in der sie sich gut aufgehoben fühlen. In Monika Müllers einfühlsamem Buch »Trauergruppen leiten. Betroffenen Halt und Struktur geben« (2014) finden sich viele Hinweise über Zweck, Struktur und Möglichkeiten von Trauergruppen.

Neuroplastizität

Neuroplastizität ist keine eigentliche therapeutische »Methode«, sondern zunächst lediglich ein Begriff, der die Fähigkeit des Gehirns beschreibt, Verbindungen zwischen Nervenzellen neu zu knüpfen. In der westlichen Medizin ist dies eine relativ neue Entdeckung, denn lange ging man davon aus, dass verloren gegangene Gehirnfunktionen nicht zurückkommen können. Doch in den letzten Jahren sind wichtige Erkenntnisse gewonnen und Techniken entwickelt worden, die zu Heilungserfolgen auch bei »hoffnungslosen« Fällen führten. Wer sich Abläufe und Bewegungen im Kopf vorstellt, trainiert genau die Stelle im Gehirn, die für die tatsächliche Ausführung zuständig ist, und erreicht so, dass die Abläufe später tatsächlich besser ausgeführt werden – diese Erkenntnis wird von vielen Leistungssportlern bereits genutzt. Andersherum schrumpft das Areal im Hirn, das für Körperteile zuständig ist, die nicht mehr aktiv sind. Die Synapsen, Neuronen und Transmitter können ihre Interaktionen ständig verändern. Die Möglichkeiten sind schier unendlich, wenn auch das Volumen des Gehirns zwangsläufig begrenzt ist. Diese Plastizität bedeutet nichts anderes, als dass das Gehirn Schäden reparieren und Fehlfunktionen wieder richten kann. Allerdings müssen die Selbstheilungskräfte des Gehirns angestoßen werden. Zwar kommt es bei sehr kleinen Kindern vor, dass es zu spontanen Selbstregulierungen kommt: Wenn zum Beispiel bei einem Baby eine Gehirnhälfte ausfällt, dann können wichtige Aufgaben wie Sehen, Sprechen und Emotionen verarbeiten von der noch intakten Gehirnhälfte übernommen werden. Doch bei Erwachsenen gibt es solch einen Automatismus leider nicht mehr.

Der kanadische Wissenschaftler und Autor Norman Doidge hat in seinem Buch »Wie das Gehirn heilt« (2015) gezeigt, wie man nachträglich dem Gehirn helfen kann, sich selbst zu heilen. Er beschreibt darin Menschen, die ihre Sehfähigkeit verloren haben oder unter chronischen Schmerzen leiden, Patienten mit gravierenden Gehirnschäden und Kinder, die sich aufgrund von Wahrnehmungsstörungen nicht altersgerecht entwickelten. Sie alle konnten mit Hilfe besonderer Techniken ihre Symptome zurückdrängen und zum Teil wieder beschwerdefrei leben. Solch eine Therapie geschieht meist in vier Schritten: Zunächst wird das Gehirn stimuliert, sei es durch Licht (sogenannte kalte Laser oder Sonnenlicht), Elektrizität (das Gehirn wird durch leichte elektronische Impulse angeregt), durch achtsam ausgeführte

Bewegungen, durch sorgfältig ausgesuchte Töne oder einfach durch die zielgerichtete Kraft der Vorstellung. Diese Stimulation führt in einer zweiten Phase (Neuromodulation) dazu, dass das Gehirn sich selbst ausbalanciert. Das Feuerwerk hört auf, das Gehirn kann sich selbst wieder hören. Viele psychologische und körperliche Störungen rühren nämlich daher, dass das Gehirn »verlärmt« ist und die vielen Eindrücke nicht richtig gefiltert werden, sodass das Gehirn nicht mehr richtig funktionieren kann. So wie ein Konzertbesucher die Melodie eines Instruments nicht heraushören könnte, wenn hundert Musiker unterschiedliche Geräusche produzieren würden. Einen dritten Schritt beschreibt Doidge als Neurorelaxation: Patienten können endlich wieder gut schlafen und zur Ruhe kommen, und das, was störte, wird nun eliminiert. In einer vierten Stufe findet eine Neurodifferentiation statt – das Gehirn lernt entweder, verloren gegangene Funktionen von einer anderen Stelle im Gehirn aus zu regulieren, oder sie werden neu aufgebaut.

Die Patienten in Doidges Buch litten zumeist an medizinischen Problemen, an den Folgen von Schlaganfällen, Gehirnerschütterungen, Parkinson oder MS-Erkrankungen, aber auch an psychischen Störungen wie Autismus oder ADHS. Doch die Forschung zum Thema Neuroplastizität hat auch Auswirkungen auf die Behandlung von traumatisierten Menschen. Dass im Fall eines Traumas Veränderungen im Gehirn stattfinden, haben wir ja bereits gesehen. Einige Gehirnfunktionen finden nicht mehr statt, hier ist gleichsam der Stecker gezogen worden, andere Funktionen laufen aus dem Ruder, als spiele sich im Gehirn ein unaufhörliches neuronales Feuerwerk ab. Störungen der hirneigenen Frequenzen und Rhythmen führen zu Wahrnehmungsstörungen, zum Ausfall von psycho-kognitiven Funktionen und weiteren Schwierigkeiten (Teuchert-Noodt, 2016).

Kann gezielte Hirnstimulation hier etwas bewirken? Der Einsatz von Elektrostimulation, Klangtherapie und anderen

»technischen« Verfahren bei traumatischen Belastungsstörungen steht noch am Anfang. Am vielversprechendsten ist vielleicht das Neurofeedback, das bei Konzentrationsschwierigkeiten und Unruhe gute Erfolge erzielt. Kleine Sensoren messen die elektrischen Ströme unter der Schädeldecke und zeigen sie im Monitor an, sodass das Gehirn lernt, sich selbst zu beobachten und zu regulieren. Doch es geht auch ohne Hilfsmittel. Hirnfunktionen, die aufgrund der hohen Belastung und Beschäftigung mit dem Trauma ins Hintertreffen geraten sind, können gezielt trainiert werden, damit das Gehirn ihnen wieder mehr Platz einräumt und so die störenden Funktionen reduziert. Wer versucht, auf einem Bein zu balancieren, ist im Kopf so ausgelastet, dass Ängste und Sorgen in den Hintergrund rücken. Daher sind die bereits erwähnten Übungen zur Achtsamkeit, zur Beruhigung und inneren Balance so wichtig. Bildgebende Verfahren können oft schon nach wenigen Tagen Veränderungen im Gehirn nachweisen. Wichtig ist auf jeden Fall, dass die Dinge, die geübt werden sollen, nicht gedankenlos trainiert werden, sondern dass dies mit Bewusstsein und Achtsamkeit geschieht! Man stellt sich also nicht auf ein Bein und guckt dabei Fernsehen, man läuft nicht durch den Wald und wälzt dabei seine Probleme hin und her. Nein, man macht sich bewusst, was man gerade tut, man spürt, wie der Körper die Balance sucht, man setzt einen Fuß mit Bedacht vor den anderen. Wie ist es, wenn ich den Fuß etwas weiter vorschiebe, macht das einen Unterschied? Jetzt feuern die Neuronen! Das Gehirn wird sich seiner selbst bewusst und kann neue Strukturen aufbauen. Je mehr sich das Gehirn auf sich selbst bezieht und je weniger es von diffusen Eindrücken beschallt wird, umso besser gelingen die Neuverknüpfungen.

Zur Ruhe kommen und sich dessen bewusst sein, das ist die entscheidende Kombination, die ja auch in vielen bekannten Entspannungsformaten von Bedeutung ist. Ich denke hier an Meditation, Autogenes Training etc. Des Weiteren gibt es eine Reihe von Methoden, die nicht unter dem Oberbegriff Neuroplastizität laufen, die aber dennoch genau darauf abzielen: EMDR, kognitive Verfahren und vor allem auch körperorientierte Ansätze, die ich im nächsten Abschnitt vorstellen möchte.

Körperorientierte Ansätze
Körper und Geist sind nicht wirklich trennbar. Sie bedingen und kontrollieren sich gegenseitig und so wie ein Gehirn, das nicht richtig funktioniert, zu Fehlfunktionen im Körper führen kann, lösen im Gegenzug körperliche Veränderungen auch Umstrukturierungen im Gehirn aus. Therapien, die auf den Körper einwirken, haben daher immer auch neurologische Konsequenzen.

Einfache körperliche Entspannung setzt Hormone frei, die einen beruhigenden Effekt auch auf das vegetative Nervensystem, den Blutdruck und die Befindlichkeit haben und so viele Symptome lindern oder sogar verhindern. Des Weiteren wären hier zu nennen: Yoga, Autogenes Training, Entspannungs- und Atemübungen sowie Achtsamkeitsübungen (MBSR nach Kabat-Zinn), Massagen und die Feldenkrais-Methode, wo durch kleinste Manipulationen und Bewegungen größtmögliche Veränderungen erzielt werden. Qigong ist eine chinesische Übungspraxis, die Bewegungs-, Meditations- und Atemübungen und Kampfsportelemente kombiniert. Ziel ist es, Körper und Geist zu vereinen.

Weiterhin gibt es Berührungs- und Massagetherapien, zum Beispiel Akupunktur, Akupressur oder die EFT- bzw. MET-Klopftechnik (bestimmte mit dem Gehirn assoziierte Stellen um das Brustbein herum werden angeklopft). Auch die Neuromuskuläre Trauma-Komplementärtherapie (NMTT), Tension and Trauma Releasing Exercises (TRE) und Myroreflextherapie können durch neuromuskuläre Regulationen, Berührungen und andere Techniken Verspannungen, Schmerzen und festgefahrene Reflexe lösen, sodass Patienten wieder in Kontakt zum eigenen Körper kommen. Speziell für Kinder wurde die INPP-Methode (vom »Institute of Neuro-Physiological Psychology«) entwickelt, um festgefahrene, frühkindliche Reflexe aufzulösen.

Somatic Experiencing nach Peter Levine

Peter Levine (2011), ein bekannter US-amerikanischer Autor zum Thema Trauma, glaubt, dass Traumata im Menschen eine Art Schockstarre auslösen, die oft zu einer permanenten Blockierung (von Gefühlen, von Impulsen und die Auflösung der hormonellen Stressreaktion betreffend) führen. In dieser Beziehung sind Menschen nicht viel weiter gekommen als Tiere, etwa die Gazelle, die von einem Leoparden angegriffen wird und sich wie tot zu Boden fallen lässt. Doch wo Tiere die nächste Gelegenheit ergreifen und wieder davonrennen, bleibt der Mensch nur allzu oft in der Schreckstarre stecken. Adrenalin wird immer weiter ausgeschüttet, Schutzbewegungen bleiben im Ansatz stecken und resultieren beispielsweise in chronisch angespannten Muskeln, der Atem bleibt praktisch angehalten und wird nicht mehr losgelassen.

Eine Heilung des Traumas beruht demnach in der Auflösung der Blockaden. Zu diesem Zweck hat Levine eine spezielle Methode entwickelt, das Somatic Experiencing. Im Vordergrund steht das Gespräch, das Stärken und Ressourcen der Patienten aufdecken soll. Es wird aber auch ganz genau auf die einzelnen Körperempfindungen geachtet, mit Bedacht und Achtsamkeit, um herauszufinden, welche Impulse während des Traumas steckengeblieben sind. Mithilfe der aufgedeckten Ressourcen und natürlich auch mit der Unterstützung des Therapeuten werden solche Impulse dann bewusst erlebt und zu Ende geführt. Um eine Überforderung oder auch Retraumatisierung des Patienten zu vermeiden, wird die Auseinandersetzung mit der traumatischen Erinnerung sorgfältig »dosiert«. Ziel ist es, Veränderungen im vegetativen Nervensystem, im Muskeltonus, in der Durchblutung und letztlich die Auflösung von Traumasymptomen zu erreichen. In diesem Sinne ist Peter Levines Ansatz eine Kombination aus Verhaltens-, tiefenpsychologischer und körperorientierter Therapie.

Video- oder auch Bildschirmmethode
Für viele Menschen, die unter Intrusionen und Flashbacks leiden, hat sich die Videomethode als sehr hilfreich erwiesen. Zunächst wird das traumatische Ereignis linear erzählt: vom Anfang bis zum Ende. Die Erzählenden sollen sich das Geschehen wie einen Film vorstellen, mit möglichst vielen Details, Bildern und Eindrücken. Es ist der Film, der sich immer wieder im Kopf abspielt und die Betroffenen so in Panik versetzt, als erlebten sie das Geschehen erneut. Dann wird ihnen eine Fernbedienung an die Hand gegeben, imaginär oder auch in echt, um die Kontrolle über den Film wiederzuerlangen. Die Patienten lernen, den Film anzuhalten, als Standbild anzusehen, den Film in Zeitlupe laufen zu lassen oder auch zurückzuspulen. Diese Technik wird in der Sitzung so gut eingeübt, dass die Betroffenen sie schließlich auch allein zu Hause anwenden können.

Stopp-Methode
Alternativ zur Video-Methode lässt sich auch die Stopp-Methode anwenden, wenn Betroffene aus dem Grübeln nicht herauskommen oder von Intrusionen und Flashbacks heimgesucht werden. Sie lernen, sich ein Stopp-Zeichen vorzustellen oder das Wort »Stopp« zu sagen, um die Gedanken oder Bilder zu unterbrechen. Gleichzeitig stehen sie auf, gehen umher oder bewegen sich. Weiterhin lernen sie, ihre Aufmerksamkeit auf andere Dinge zu lenken: Dinge zu benennen, die sie im Raum sehen, einen konkreten Gegenstand genau zu beschreiben, oder aber

sich auf das zu konzentrieren, was sie hören können. Abschließend sollen sie ihre Aufmerksamkeit auf ihr eigenes Körperempfinden richten, dies in Worten ausdrücken und dann noch drei tiefe Atemzüge nehmen (vgl. Schenk, 2014, S. 98 f.). Auch diese Technik sollte in den Sitzungen gut eingeübt werden, um sie für Betroffene jederzeit verfügbar zu machen.

Der leere Stuhl
Diese Methode kommt aus der Gestalttherapie. Eine andere Person, aber auch ein verschütteter Persönlichkeitsanteil, nehmen gleichsam auf dem leeren Stuhl Platz und können angesprochen werden. Hier sind viele Variationen möglich: Die Therapeutin kann den Part (der verstorbenen Mutter, des kleinen Kindes etc.) übernehmen, ein Stofftier kann den Platz einnehmen, oder aber der Patient setzt sich selbst in den Stuhl und übernimmt den Part.

Es ist eine Sache, hypothetisch über Ich-Anteile zu reden: »Ich war noch so jung. Ich habe das damals gar nicht verstanden.« Etwas ganz anderes ist es, wenn sich die betreffende Person als »junges Ich« in den leeren Stuhl setzt, mit der Aufgabenstellung, sich ganz in die damalige Situation hineinzuversetzen und jetzt als junges Ich zu reden. Wenn sie dann gefragt wird: »Was passiert gerade mit dir?«, öffnen sich Türen und es kommen Gefühle hoch, die im intellektuellen Gespräch nicht zu erreichen wären. Wichtig ist, dass auch wirklich in der Ich-Form und im Präsens geantwortet wird: »Ich habe Angst. Ich möchte doch nur, dass mein Vater mich liebt. Ich verstehe gar nicht, was er von mir will.« Wenn die Patientin in unserem Beispiel noch nicht soweit ist, dass sie das kleine Kind sprechen lassen kann, weil sie vielleicht noch wütend auf das junge Mädchen ist, dann kann sie auch die Stimme der Anklage übernehmen: »Wieso hast du dir das gefallen lassen?« In diesem Fall setzt sich die Therapeutin in den Stuhl und antwortet für das Kind: »Ich bin so verwirrt. Warum tut er das? Es fühlt sich nicht gut an. Aber ich kann doch niemandem davon erzählen. Ich will Mama nicht verletzen.« Dabei ist nicht zu erwarten, dass die Patientin so schnell von ihrer Wut abkommt. Sie darf ihrem jüngeren Ich ruhig noch eine Weile Vorwürfe machen. Wenn die Therapeutin weiterhin in aller Ruhe die Konfusion und Hilflosigkeit des Mädchens darstellt, stehen die Chancen gut, dass sich die Wut und wohl auch Scham langsam auflösen werden.

Diese Methode wird in all ihren Variationen von Therapeuten der unterschiedlichsten Richtungen genutzt. Tiefenpsychologische Ansätze, Gestalt- und Verhaltenstherapie, die komplex-systemische Traumatherapie nach Breitenbach und Requardt (2014) und auch die Ego-State-Therapie nutzen die Idee des leeren Stuhls.

Ego-State-Therapie und die komplex-systemische Traumatherapie
Die Arbeit mit Ego-States, ursprünglich in den USA von John und Helen Watkins entwickelt, basiert auf der Annahme, dass jeder Mensch verschiedene Ich-Anteile (Ego-States) hat. Nach einem Trauma, besonders nach einem Kindheitstrauma, werden traumatisierte Anteile abgespalten. Dann existiert neben dem Erwachsenen-Ich auch ein Kindheits-Ich, als Fünfjährige, als Zwölfjährige usw. Luise Reddemann hat diese Theorie in die Psychodynamisch-Imaginative Traumatherapie integriert. Sie sieht diese Anteile als wertvolle Ressource, die noch heute verantwortungsbewusst ihrer damals übernommenen Aufgabe gerecht zu werden versuchen. Die Patienten werden angeregt, die verschiedenen Ego-States zu identifizieren und sie »auf die Bühne« treten zu lassen. Sie dürfen nun sprechen, werden gewürdigt und erfahren vielleicht auch neue Informationen, sodass sie ihre alte Aufgabe abwandeln oder ganz neue Aufgaben übernehmen können. Das Ziel ist es, die verschiedenen Ego-States zu versöhnen und zu integrieren.

Auch hier wird also der traumatisierte Anteil des Ichs zum Dialog geladen, so wie in der Technik vom leeren Stuhl (beide Methoden sind durchaus kompatibel und gleichzeitig einsetzbar). Allerdings liegt bei der Ego-State-Therapie das Gewicht auf gegenseitiger Unterstützung. Nehmen wir an, ein Patient trauert um seine kürzlich verstorbene Frau, wobei klar ist, dass er gleichzeitig den Tod seiner Mutter, den er als Zehnjähriger erlebte, nie ganz verwunden hat. Hier könnte der Patient gebeten werden, mit dem Zehnjährigen Kontakt aufzunehmen. Die Idee dahinter ist, dass beide Anteile – der erwachsene und der kindliche Anteil – sich gegenseitig trösten und helfen können. Beide Anteile sollten sich erst einmal kennenlernen. Ganz langsam wird dann in Erfahrung gebracht, welche Weisheiten und Stärken vorhanden sind.

»Wie geht es Ihrem zehnjährigen Ich? Wie erklärt er sich den Tod seiner Mutter? Was braucht er? Was könnte ihm helfen? Laden Sie ihn ein, zu sich zu kommen. Gehen Sie ruhig zu ihm und erklären Sie, dass Sie aus der Zukunft zu ihm kommen, um ihn zu halten und zu trösten. Würde er gern umarmt werden? Oder sollen Sie einfach nur seine Hand halten? Tun Sie in Ihrer Fantasie genau das, was er braucht. Erzählen Sie ihm auch von sich. Hat er einen Rat für Sie? Was hat er damals gelernt? Können Sie sich vorstellen, dass er jetzt hier neben Ihnen sitzt und Ihre Hand hält?«

Die komplex-systemische Traumatherapie (Breitenbach u. Requardt, 2014) folgt einer ähnlichen Zielsetzung, ersetzt aber den Begriff Ego-States mit dem Begriff Anteile. Wie wir im Kapitel »Trauerarbeit mit Menschen, die eine traumatische Kindheit hatten« (Seite 71 ff.) sehen werden, geht es bei dieser Methode ganz konkret um Menschen mit Missbrauchs- und Misshandlungserfahrungen in der Kindheit.

EMDR

EMDR steht für Eye Movement Desensitization and Reprocessing (Desensibilisierung und Verarbeitung durch Augenbewegungen) und wurde von Francine Shapiro in den 1980er Jahren in den USA entwickelt (Shapiro, 2013). Die Verhaltenstherapeutin hatte festgestellt, dass kontinuierliche Augenbewegungen von links nach rechts und zurück in einer Verbesserung ihrer eigenen Symptomatik resultierten. Sie ging davon aus, dass die Augenbewegungen die beiden Hemisphären des Gehirns stimulieren, was wiederum dazu führt, dass Erinnerungen, die bisher dysfunktional abgespeichert wurden, so verändert werden, dass sie nun die jedem Menschen inhärenten Selbstheilungskräfte aktivieren können.

Mittlerweile ist EMDR sehr gut evaluiert und seine Effektivität ist durch viele Studien schlüssig belegt. Im Jahr 2013 erkannte die Weltgesundheitsorganisation (WHO) EMDR als eine wirksame Methode zur Behandlung von Posttraumatischen Belastungsstörungen an. Doch nicht nur die hohe Effektivität spricht für die Methode, sondern auch die Tatsache, dass sie sowohl für Erwachsene wie auch Kinder und Jugendliche einsetzbar ist und dass sie relativ schnell Erfolge zeigt. Dabei macht es keinen Unterschied, ob die Stimulation der beiden Gehirnhälften durch Augenbewegungen, durch taktile Berührungen etwa der Handinnenflächen oder durch auditive Signale erfolgt. Ein weiterer Vorteil ist der, dass Betroffene nicht tief in die traumatische Erinnerung eintauchen müssen, so wie dies bei einigen anderen Therapieformen vorausgesetzt wird. Die Gefahr einer Retraumatisierung ist also relativ gering, wenn auch nicht völlig ausgeschlossen. Allerdings sollte EMDR bei schweren Erkrankungen (Herz- und Kreislauf-Problemen), psychotischen oder Persönlichkeitsstörungen, Epilepsie und anderen Erkrankungen nicht angewandt werden.

Wie genau muss man sich eine Behandlung mit EMDR vorstellen? Tatsächlich verläuft eine EMDR-Intervention nach einer sehr genau strukturierten Vorgabe in acht Phasen. Zunächst wird eine spezifische belastende Situation für die Intervention ausgewählt. Dies kann die Erinnerung an einen Unfall, ein traumatisches Ereignis oder auch an einen Verlust sein. Nach einer anfänglichen Phase des Beziehungsaufbaus und der Anamnese wird der Patient darüber informiert, wie die Behandlung verlaufen wird, und es wird ein Verfahren ausgewählt und eingeübt, um den Patienten psychisch zu stabilisieren (zum Beispiel durch die Visualisierung des Sicheren Ortes). Dann wird die ausgewählte Situation besprochen. Dazu wählt der Patient ein bestimmtes Bild aus, das den schlimmsten Moment der Erinnerung einfängt. Er formuliert als Nächstes die Kognition, die mit diesem Bild einhergeht, also beispielsweise einen Satz wie »Ich sterbe gleich« oder »Ich bin hilflos«. Als Gegengewicht wird aber sogleich auch nach einer positiven Kognition gefragt, die diese negative Überzeugung ersetzen soll. Das wäre dann ein Satz wie »Ich habe überlebt« oder »Ich habe die Kontrolle«. Ein weiteres wichtiges Element in dieser Phase ist die Selbsteinschätzung des Patienten: Wie hoch ist die Belastung, die er durch die Erinnerung erfährt, und wie sehr kann er sich mit der soeben formulierten positiven Überzeugung identifizieren? Bei einem starken Trauma steht zu erwarten, dass der Patient auf der jeweiligen Skala einen Extremwert wählt. Noch während die Belastung deutlich spürbar ist, wird der Patient angeleitet, seine Aufmerksamkeit auf den Körper zu richten und wahrzunehmen, welche Empfindungen er dort lokalisieren kann.

In der nächsten Phase beginnt die eigentliche EMDR-Arbeit. Während der Patient sich die drei Komponenten – gespeichertes Bild, negative Kognition und Körperempfindung – vergegenwärtigt, folgt er mit dem Blick den Fingern der Therapeutin, die sich ungefähr dreißig Mal vor den Augen des Patienten hin und her bewegen. Während dieser Sequenz springen die Neuronen im Gehirn von der einen zur anderen Seite (ganz so wie sie es nachts im sogenannten REM-Schlaf tun, währenddessen das Tagesgeschehen verarbeitet wird) und es tauchen möglicherweise erste Assoziationen, Bilder, Körperempfindungen oder Gedanken auf. Der Patient kann sich kurz dazu äußern, und schon beginnt die nächste Sequenz. Üblicherweise haben die Betroffenen anfangs unangenehme Wahrnehmungen, die in Zusammenhang mit dem traumatischen Erleben stehen. Doch die Bilder, Gefühle und Erinnerungen, die hochkommen, werden nicht kommentiert, nicht untersucht und nicht hinterfragt. Es geht einfach immer weiter. Und schon bald stellen die Patienten fest, dass die sehr belastenden Reaktionen sich abschwächen und Platz machen für unerwartete Assoziationen oder Körpergefühle, die zunehmend positiver werden. Nach einiger Zeit, meist zwischen 15 und 30 Minuten, antworten die Patienten auf die neuerliche Frage, wie hoch sie die Belastung einschätzen würden, mit einer deutlich niedrigeren Zahl als zuvor. Sie nähern sich der positiven Überzeugung immer mehr an. So erfahren Patienten oft in einer einzigen Sitzung eine deutliche Befreiung von traumatischen Belastungen. Natürlich wird die Wirkung der Behandlung in den nächsten Sitzungen geprüft und verfestigt. Die neugewonnene positive Überzeugung aber steht von nun ab als positive Ressource zur Verfügung.

Eine Weiterentwicklung von EMDR ist das Brainspotting, bei dem Patienten ebenfalls zu traumatischen Erinnerungen assoziieren, wobei aber der Blick bewusst an einer ganz bestimmten Stelle eingefroren wird (Grand, 2013). Dahinter steckt die Annahme, dass bestimmte Blickwinkel eine spezielle Stelle im Gehirn ansprechen und diese gleichsam aktivieren können. Solange der Blick auf dieser bestimmten Stelle fixiert bleibt, lösen sich Gefühle und Erinnerungen leichter und das Trauma kann auf einer tieferen Ebene angegangen werden. Werden die Emotionen zu überwältigend, kann durch einen Richtungswechsel des Blickes sehr schnell wieder ins Hier und Jetzt zurückgeführt werden.

Symbolische Hilfsmittel

Da es vielen Menschen schwerfällt, über sich selbst zu reden, werden in der Psychotherapie oft Hilfsmittel eingesetzt, die den Zugang zu den eigenen Gefühlen erleichtern sollen. Besonders bei Kindern kommt diese Methode oft zum Einsatz. So werden den Patienten etwa Tierfiguren, Postkarten, Bilder oder Gegenstände angeboten. Sie wählen eines der Angebote aus und erläutern dann, warum sie gerade dieses Tier oder diesen Gegenstand gewählt haben. Dann kommen vielleicht Aussagen wie »Die Frau auf dieser Postkarte sieht so traurig aus« oder »Ich mag Elefanten. Sie sind so mächtig und stark. Aber auch sensibel. Und sie vergessen nie«. Wichtig ist es, die freie Assoziation zu unterstützen und nicht etwa durch konkrete Vorgaben wie »Hat die Frau vielleicht auch einen Todesfall erlebt?« die Gedanken in eine bestimmte Richtung zu lenken. Denn nur wer frei assoziiert, kommt womöglich auf ganz unerwartete Gedanken oder Eingebungen, kommt mit den verborgenen Selbstheilungskräften in Berührung. Wenn keine Ideen mehr kommen, lässt sich der gewählte Gegenstand von einer anderen Perspektive betrachten.

»Was ändert sich, wenn sie den Gegenstand um 180 Grad drehen? Versuchen Sie es mal! Lassen Sie das neue Bild auf sich wirken. Nehmen Sie doch noch eine Figur hinzu! Wo würden Sie diese hinstellen? Was haben sich die beiden Figuren nun zu sagen? Was würden Sie Ihrem Elefanten gern sagen?«

Es ist so viel leichter, schwere Gefühle in den Mund eines anderen zu legen oder ein Stofftier sprechen zu lassen, als sich selbst dazu zu bekennen. Dabei ist den Betroffenen natürlich klar, dass es hier um ihr eigenes Erleben geht. Das muss man gar nicht so deutlich aussprechen, die Botschaft kommt auch so an: »Ja, dieser Elefant hat es wirklich schwer!« Zudem lassen sich durch den Einsatz von solchen Hilfsmitteln Perspektivenwechsel erreichen, die nötig sind, um auf neue Ideen zu stoßen.

Mit einer ähnlichen Intention lassen sich auch Geschichten und Metaphern nutzen. Die Literatur bietet eine Vielzahl an Märchen, Erzählungen und Parabeln zum Thema Verlust, Schmerz und Trauma. Doch auch hier gilt: Es soll keine »Lehre« rübergebracht, sondern ein Angebot gemacht werden, die Dinge einmal anders anzuschauen.

Systemischer Ansatz

Seit den 1950er Jahren wird in der Familientherapie ein systemischer Ansatz angewandt, der auf Theorien von Virginia Satir und Salvador Menuchin basiert. Die dahinterliegende Idee ist die, dass kein Mensch verstanden werden kann, wenn nicht sein Umfeld, also sein »System«, in die Betrachtung miteinbezogen wird. Ein auffälliges Kind ist vielleicht nur deshalb auffällig, weil etwas in der Beziehung der Eltern nicht stimmt. Das würde aber eine Therapeutin, die sich nur für das Innenleben des Kindes interessiert, nicht herausfinden. Daher arbeiten Familientherapeuten mit dem sogenannten systemischen Ansatz. Familienmitglieder werden gern in die Therapie miteinbezogen, ihre Bedeutung (Erwartungen, Bedürfnisse) wird analysiert und das System als solches untersucht: Ist es eher offen oder geschlossen, welche Normen und Geheimnisse gibt es? Etc.

Für die Zwecke der Trauma- und Trauerverarbeitung könnte das Soziogramm und/oder Genogramm eingesetzt werden. Im Soziogramm wird auf einem Blatt Papier die Person, die im Mittelpunkt steht, aufgezeichnet. Darum herum verteilen sich die Menschen, Institutionen und Gruppen, die im Leben eine Bedeutung haben. Durch Linien werden Beziehungen markiert (intensiv, konfliktbeladen, ambivalent, oberflächlich). Durch die Arbeit an einem Soziogramm lassen sich Abhängigkeiten, potenzielle Ressourcen und Verknüpfungen gut erkennen. In einem Genogramm wird eine Art Familienstammbaum aufgezeichnet. Allerdings steckt mehr darin als eine simple Ahnentafel. Es werden nämlich auch Themen, Verhaltensmuster und Eigenheiten erfasst (Karrieren, Krankheiten, Beziehungen, Konflikte etc.), die in dem System vorherrschen. Das Gute hieran ist, dass auch verstorbene Personen ihren Platz einnehmen. Am Genogramm lässt sich sehr gut aufzeigen, dass Verstorbene weiterexistieren, nämlich in ihrer Bedeutung, die sie für die Familie bzw. das System haben.

Sollen bestimmte Symptome behandelt werden, lassen sich diese zum einen besser verstehen, wenn man das System und seine Bedeutung für den Einzelnen mitberücksichtigt. Dies ist besonders bei Kindheitstraumata eine sehr vielversprechende Methode. Zum anderen hat die systemische Therapie auch eigene Fragetechniken und Aufgabenstellungen entwickelt, die sehr zielführend sein können, so etwa Fragen, die ähnlich wie in der kognitiven Verhaltenstherapie darauf abzielen, feine Nuancen herauszuarbeiten sowie neue Perspektiven und alternative Interpretationen zu ermöglichen. Besonders auch die paradoxe Intervention wird heutzutage von Therapeuten der unterschiedlichsten Schulen benutzt. Hierbei wird das belastende Symptom sozusagen »verschrieben«. Eine Patientin, die unter ihrer Ängstlichkeit leidet und sich wünscht, sie könne endlich wieder etwas allein unternehmen, könnte folgende Hausaufgabe bekommen: In der nächsten Woche darf sie gar nichts allein unternehmen, sie muss zu jedem kleinsten Gang jemanden zur Begleitung mitnehmen. Es ist gut möglich, dass diese Patientin dabei feststellen würde, dass sie eigentlich sehr viele Erledigungen allein unternimmt und dies gar nicht richtig zur Kenntnis genommen hatte. So schlimm ist es also gar nicht mit ihr bestellt! Mit dem wiedergewonnenen Selbstbewusstsein gelingt es ihr dann hoffentlich besser, noch mehr Dinge allein zu machen.

Hypnose

Die therapeutische Hypnose induziert im Patienten eine leichte Trance, sozusagen eine Bewusstseinserweiterung, ohne dass Patienten dabei ihr Bewusstsein oder ihren eigenen Willen verlieren. Die Trance kann zum einen eingesetzt werden, um Menschen zu helfen, in die Entspannung zu gehen. Während die Meditation, die ja eigentlich auch eine Trance ist, den Ausführenden erlaubt, ganz in sich selbst aufzugehen und den inneren Ruhepunkt zu finden, ermöglicht die Hypnose, ganz tief in eine Imagination oder Visualisierung (wie etwa den Sicheren Ort) zu gehen, um diese wirklich zu verinnerlichen und später leicht abrufen zu können.

Daneben bietet die Hypnose aber auch die Möglichkeit, traumatische Erlebnisse gleichsam zu reparieren. Während es in einer normalen Gesprächstherapie sehr mühsam sein kann, an die Emotionen zu kommen, die von einem Erlebnis berührt werden, gelingt dies in der Hypnose vergleichsweise schneller. Die Patienten fühlen die Emotionen, als wären sie wieder mittendrin. Therapeuten, die in dieser Methode ausgebildet sind, können Patienten dann anleiten, sich in der erinnerten Situation Hilfe zu holen von tatsächlichen oder imaginierten Personen oder Dingen, um die Erinnerung zu verändern. Eine Patientin, die beispielsweise von ihrem Vater geschlagen wurde, kann sich vorstellen, dass die Mutter aufsteht und sie in Schutz nimmt. Diese veränderte Erinnerung wird dann mehrmals in aller Ausführlichkeit imaginiert und in Trance erlebt, sodass sich die tröstende und heilsame Wirkung entfalten kann. Denn tatsächlich unterscheidet das Gehirn nicht zwischen realen und imaginierten Inhalten. Deshalb reagieren Patienten beim Flashback ja oft panisch und erleben es so, als seien sie wieder mittendrin. Das Gehirn erkennt nicht, dass sich alles nur im Kopf abspielt! Diese Tatsache kann man sich aber zunutze machen, wenn man sich positive Dinge vorstellt und diese dem Gehirn anbietet. Die neugeschaffene Szene wird dann wie eine echte Erinnerung aufbewahrt und vermittelt den Trost oder Schutz, den die Betroffenen brauchen.

Weiterhin lässt sich Hypnose auch sehr gut einsetzen, um an verborgene Ressourcen zu gelangen. Wie bereits mehrfach betont, besitzt jeder Mensch Selbstheilungskräfte und innere Kräfte. Die hypnotische Trance öffnet die Tür zum Unbewussten und so können solche Schätze gehoben werden. Beispielsweise lässt sich in der Hypnose ein Ort besuchen, an dem sich die Patientin gut aufgehoben fühlt oder der eine besondere Bedeutung für sie hat. Dort lässt sich dann nach Gegenständen, Menschen oder Lösungsvorschlägen suchen, die in der jetzigen Situation helfen können. So gibt das Unbewusste vielleicht plötzlich die Erinnerung frei an eine vergessene Lieblingspuppe, an eine verständnisvolle Lehrerin, oder eine klare Aussage oder Anweisung formuliert sich aus dem Nichts heraus.

Die Lösungen oder »Wahrheiten«, die Patienten selbst entdecken, haben ungleich mehr Kraft als Lösungsvorschläge, die von außen zugetragen werden. Daher ist es immer ein Geschenk, wenn sich die Tür zum Unbewussten öffnet. Dies wird auch durch die oben beschriebene EMDR-Technik erreicht, und letztlich war es ja auch das Ziel der klassischen Psychoanalyse, durch die freie Assoziation einen Zugang zum Unbewussten zu erlangen. Doch nur die Hypnose ermöglicht es, auf gewisse Weise im Unbewussten »spazieren« zu gehen und gezielt nach bestimmten Dingen zu suchen.

Medikamente

Manche Symptome lassen sich auch ganz einfach durch Medikamente abstellen oder zumindest lindern: Schlaflosigkeit, Unruhe, Ängste, Zwänge, Depressionen, Schmerzen – das sind alles Beschwerden, für die es herkömmliche oder homöopathische Mittel gibt. Viele dieser Medikamente erzielen ihre Wirkung, indem sie den Hormonhaushalt regulieren, Enzyme hemmen oder Neurotransmitter verstärken. Dies kann durchaus sinnvoll sein, denn oft wollen Patienten nichts sehnlicher, als endlich wieder schlafen zu können, keine Schmerzen mehr zu spüren und frei von Ängsten zu sein. Allerdings haben viele Menschen Angst vor Psychopharmaka, genauer: Angst vor den Nebenwirkungen, vor einer möglichen Abhängigkeit oder aus anderen Gründen. Dann ist zu raten, Medikamente mit Bedacht einzusetzen und parallel daran zu arbeiten, die Ursachen für die Symptome zu beseitigen, sodass die Zugabe von Arzneimitteln zu gegebener Zeit wieder abgesetzt werden kann. Denn dies sollte immer klar sein: Symptome »abzustellen« bringt Linderung, aber keine Heilung.

Trauerarbeit mit Menschen, die eine traumatische Kindheit hatten

Da relativ viele Menschen in der Kindheit Misshandlung, Missbrauch oder Vernachlässigung erfahren haben bzw. nicht genügend positive Bindungserfahrungen machen konnten, um ein gesundes Bindungsverhalten zu entwickeln, ist die Wahrscheinlichkeit, dass Trauernde ein sogenanntes Bindungs- oder Beziehungstrauma haben, relativ hoch. Untersuchungen belegen, dass zwischen 10 und 30 Prozent aller Menschen solche negativen Kindheitserfahrungen gemacht haben. Das heißt, auch wenn die Trauernden nicht offensichtlich unter einem Trauma leiden, kann es sein, dass ein Kindheitstrauma die Beratung bzw. Behandlung erschwert.

Menschen, die kein gesundes Selbstbewusstsein entwickeln konnten, die ihren Eltern nicht vertrauen konnten oder immer wieder enttäuscht wurden, können zwar ein auf den ersten Blick relativ normales Leben führen, doch prägen die Wunden und

Narben ihre Wahrnehmung und ihr persönliches Erleben. In Zeiten von Stress oder Ausnahmesituationen können traumatische Symptome besonders stark in Erscheinung treten.

Hier sind einige Symptome, mit denen man rechnen muss:
- Unfähigkeit, anderen Menschen wirklich zu vertrauen;
- Tendenz, die eigenen Gefühle und Bedürfnisse nicht wichtig zu nehmen oder überhaupt zu erkennen;
- Dissoziationen (das »Abschalten« in Situationen, die emotional belastend sein könnten);
- Unfähigkeit, Kritik auszuhalten bzw. sehr leichte Kränkbarkeit;
- sehr geringes Selbstwertgefühl, Stimmungsschwankungen;
- Vermeidungstendenz: bestimmte Themen, Situationen oder auch Orte werden vermieden bzw. aktivieren große Widerstände. Das Gegenteil kann aber auch der Fall sein: Bestimmte Themen stehen im Vordergrund und machen es fast unmöglich, auch einmal über andere Dinge zu reden;
- Reizbarkeit, Angespanntheit (Hyper-Arousal) oder auch tendenzielle Aggressivität sowohl im Leben als auch in der therapeutischen Situation;
- Schwarz-Weiß-Denken: Dinge und Menschen werden entweder verherrlicht oder verdammt;
- Das Gefühl, den Erinnerungen oder Ängsten ausgeliefert zu sein. Verzweiflung, Suizidalität;
- Identifikation mit dem Aggressor: Der Täter wird idealisiert oder aber das Kind wünscht sich, selbst so zu werden wie der Aggressor. Folgen sind die Herabsetzung der eigenen Person (»Ich hatte selbst Schuld. Ich verdiene es nicht besser. Ich habe das provoziert«), die Suche nach einem Partner, der in das Täterprofil passt, oder aber die Integration von aggressiven Verhaltenszügen in die eigene Persönlichkeit, sodass man als Erwachsener eventuell selbst zum Täter wird.

Manche dieser Symptome decken sich mit denen von erwachsenen Traumaüberlebenden, sie sind jedoch in ihrer Gesamtheit komplexer und tief greifender, weswegen sich in der Fachwelt auch der von Judith Herman vorgeschlagene Begriff der »Komplexen Posttraumatischen Belastungsstörung« (oder auch Entwicklungsbezogene Traumafolgestörung) durchgesetzt hat, um dieser Tatsache gerecht zu werden. Woran liegt es, dass Kindheitstraumata solch verheerende Auswirkungen haben?

- Säuglinge reagieren auf Schrecken mit dem sogenannten Moro-Reflex (die Arme werden nach oben geworfen, Augen aufgerissen und Stresshormone ausgeschüttet). Bei fortdauerndem Schrecken bleibt dieser Reflex bestehen und wandelt sich nicht in eine reifere, erwachsenere Schreckreaktion um. Das ganze Leben wird von nun an von Stresshormonen bestimmt.
- Kinder haben noch keine endgültigen Strukturen aufgebaut, ihr Gehirn ist zwar voll funktionsfähig, doch Bereiche wie Selbstwahrnehmung, Emotionalität, soziales Verständnis und Bewältigungsmechanismen sind erst im Entstehen begriffen – Vertrauen, Sicherheit und Empathie müssen erst gelernt werden. Jede Erfahrung führt zu Millionen neuer synaptischer Verknüpfungen: Neue Strukturen, Prozesse und Verbindungen werden angelegt – oder aber, bei negativen Erfahrungen, zugeschüttet und gestoppt, sodass es zu Entwicklungsverzögerungen oder anderen Behinderungen kommt. Neurologische Untersuchungen konnten belegen, dass wiederholte traumatische Erfahrungen zu bleibenden Veränderungen im Gehirn führen, die sich auch in EEG-Bildern aufzeigen lassen.
- Da ganz kleine Kinder noch keine Sprache haben und etwas ältere Kinder zwar sprechen können, aber noch nicht genügend Lebensweisheit haben, um Erfahrungen richtig einordnen zu können, bleibt die Möglichkeit verwehrt, eine

»Geschichte« abzuspeichern bzw. das Geschehen überhaupt zu verstehen.
- Wenn wichtige Bindungserfahrungen nicht gemacht werden, kann das Gefühl von Sicherheit und Selbstvertrauen gar nicht erst entstehen. Statt Vertrauen in sich und die Welt etabliert sich Misstrauen. Die fehlende Bindungssicherheit führt dazu, dass auch im Erwachsenenalter Beziehungen kompliziert und konfliktbeladen sind und dass die eigenen Kinder ebenfalls unter Bindungsunsicherheiten leiden.
- Dissoziation wird als effektiver Mechanismus zum Schutz gegen Angst und Schrecken eingesetzt und so fest in die Persönlichkeit integriert, dass es die Heranwachsenden daran hindert, sich selbst sowie das Leben in all seinen Facetten wahrzunehmen. Die Erwachsenen wissen häufig gar nicht, dass sie die Welt anders wahrnehmen als nichtdissoziierende Mitmenschen.
- Das Erbgut kann sich verändern, wie epigenetische Studien bewiesen haben. Dies ist mit ein Grund, warum es Familien gibt, in denen sich das Trauma zu Hause zu fühlen scheint und ein Teufelskreis entsteht, aus dem man nur schwer ausbrechen kann.

Die Ausgeprägtheit der oben genannten Symptome weist darauf hin, ob Menschen nur tief verletzt sind oder aber ob sie eine Persönlichkeitsstörung davongetragen haben. Denn so schlimm sich die Ausgangslage auch anhört, am Ende gelingt es vielen Menschen, trotz schlimmster Erfahrungen gesunde und sogar glückliche Menschen zu werden! Liegt aber in der Tat eine Persönlichkeitsstörung oder schwere dissoziative Störung vor, sollte eine traumaspezifische Therapie erwogen werden. Hier gibt es verschiedene therapeutische Ansätze, die zwar unterschiedliche Herangehensweisen haben, aber alle auf die spezifischen Bedürfnisse von Traumaüberlebenden zugeschnitten sind (für eine umfängliche Übersicht der verschiedenen Ansätze vgl. das obige Kapitel »Symptome erkennen und bearbeiten«, Seite 46 ff. oder auch Eckardt, 2016).

Was also gibt es zu beachten, wenn Menschen mit traumatischer Kindheitserfahrung in einer »normalen« Therapie oder Trauerberatung Hilfe suchen?

Erwachsene, die als Kinder unberechenbaren Erziehern ausgesetzt waren, können andere Menschen im Allgemeinen sehr gut »lesen« und haben ein feines Gespür dafür, wenn ihnen etwas vorgemacht wird oder wenn sie manipuliert werden sollen. Im Gespräch sollte man daher möglichst authentisch sein, zuverlässig und konstant.

Trotzdem kann es passieren, dass man sich angegriffen fühlt. Was in der Therapie *Übertragung* genannt wird, passiert eigentlich immer und überall: Jemand reagiert auf eine andere Person aus einer persönlichen Erfahrung heraus, die im Grunde genommen mit der jetzigen Situation nichts zu tun hat. Mit anderen Worten, ein harmloser Kommentar kann die Erinnerung an die Mutter wecken, die nie zufrieden war, und schon reagiert man gereizt. In der Beratungssituation, in der man sowieso viel näher an emotionalen Bedürfnissen und Erinnerungen ist, geschieht solch eine Übertragung noch sehr viel schneller. Das heißt, wenn die Klienten verletzt, ärgerlich, ungeduldig oder hämisch erscheinen, hat dies womöglich nur am Rande mit den Beratern zu tun. Statt nun ihrerseits verständnislos oder gereizt zu reagieren, wären sie gut beraten, wenn sie hier die Chance sähen, Zugang zu verschütteten Gefühlen zu erhalten: »Was geht gerade in Ihnen vor? Wie interpretieren Sie das, was ich gerade gesagt habe? Wie kommt das bei Ihnen an? Was wünschen Sie sich jetzt gerade?«

Gleichzeitig ist es für den eigenen Selbstschutz wichtig, dass man klare Grenzen zieht. Dies ist leichter gesagt als getan. Vielleicht ist ein Klient besonders bedürftig nach dem Tod einer geliebten Person und gibt den Anschein, dass er das Leben im

Moment ohne zusätzliche Unterstützung, etwa durch einen Telefonkontakt am Wochenende, nicht durchstehen kann. Dann ist man womöglich geneigt, diesen zusätzlichen Kontakt zu gewähren. Was ist schon dabei? Die Gefahr ist aber, dass Menschen mit geringem Selbstwertgefühl und unsicheren Bindungserfahrungen einfach nicht genug bekommen und, ohne Böses zu wollen, Berater sehr schnell in die Enge drängen können. Sie haben eine so große Leere im Inneren und so große Angst vor dem Alleinsein, dass sie regelrecht panisch werden, wenn sie auf sich allein gestellt sind. Um ein Dilemma zu vermeiden, ist es daher ratsam, von Anfang an feste Regeln einzuführen und sich auch an diese zu halten.

Das Trauma, das Kinder erleben, muss gar nicht dramatisch aussehen. Mit anderen Worten, ich denke in diesem Zusammenhang nicht nur an sexuellen Missbrauch und physische Misshandlungen. Es gibt auch Kinder, die ohne körperliche Wunden oder Narben leiden. Ständige Demütigungen, Vernachlässigung oder einfache Lieblosigkeit können ebenso großen Schaden in der kindlichen Psyche ausrichten wie Übergriffe, Machtmissbrauch und Schläge. Die Bindungstheorie hat uns gezeigt, dass Kinder auf liebevolle, wertschätzende Fürsorge angewiesen sind, um ihrerseits bindungsfähige Wesen zu werden. Unsicher gebundene Erwachsene können nicht vertrauen, sich nicht wirklich auf andere Personen einlassen, fühlen sich im Grunde immer allein und erscheinen anderen entweder als zurückweisend oder klammernd. Wenn sie Eltern werden, geben sie diese Bindungsmuster weiter: Sie sind mal liebevoll, mal zurückweisend, unberechenbar eben, geraten leicht in Wut und regulieren ihre eigenen Gefühle durch die Gefühle, die sie in anderen auslösen.

Mit anderen Worten: In der Beratung sitzen zwar erwachsene Menschen, aber in ihnen wohnt ein kleines, verletztes Kind. Und es ist dieses Kind, das in schwierigen Momenten das Ruder in die Hand nimmt. Der oder die Erwachsene bekommt das entweder gar nicht mit oder steht machtlos daneben. Oft entstehen auch große Schuldgefühle: »Warum kann ich mich nicht von der Vergangenheit befreien? Wieso werde ich von gewalttätigen Menschen angezogen? Ich weiß doch, was ich brauche, so dumm darf man doch gar nicht sein. Ich bin selbst schuld an meinem Unglück.« Dabei wird ganz klar, dass keine Empathie mit sich selbst besteht. Die Betroffenen sehen nicht, dass sie als Kinder ausgeliefert waren, die Erziehenden lieben mussten, auch wenn die Böses taten, dass Kinder nicht verantwortlich für die Taten der Großen sind, dass sie genetisch darauf programmiert sind, zu gefallen und die Umwelt für sich einzunehmen, und dass dies niemals als Anlass genommen werden darf, Macht zu missbrauchen. Es ist aber nicht unbedingt ein Empathieproblem, denn oft haben solche Menschen viel Empathie für andere, nur eben nicht für sich selbst. Da sind die Ansprüche unermesslich hoch: Man hätte alles sehen, verstehen und wissen müssen. Ist es am Ende nicht leichter, selbst die Verantwortung zu übernehmen als zu glauben, dass es schlechte Menschen gibt und man niemals sicher sein kann?

Die Helfer befinden sich nun also in der Lage, einem kleinen Kind helfen zu wollen, das sich in einem Erwachsenen versteckt, der seinerseits kaum Verständnis oder sogar Hass auf dieses Kind empfindet. In der Populärpsychologie hat sich der Begriff des »Inneren Kindes« eingebürgert. Viele haben dieses Wort schon einmal gehört und können sich etwas darunter vorstellen. Sich mit seinem inneren Kind aussöhnen, heißt nichts anderes, als den Teil anzunehmen, der in der Vergangenheit verletzt wurde. Sich selbst der Helfer und Tröster zu werden, den das Kind damals gebraucht hätte. Dabei können Außenstehende helfen, indem sie Verständnis für dieses Kind zeigen. In der Traumatherapie wird dies noch etwas konkreter angegangen. Man spricht hier im Fachjargon von Anteilen.

Persönlichkeitsanteile sind erst mal nichts Ungewöhnliches: Jeder Mensch hat solche Anteile in sich und vereinigt verschiedene Rollen in sich. Jemand kann ein intelligenter Wissenschaftler, ein liebevoller Vater, ein ehrgeiziger Sportler, ein eifersüchtiger Liebhaber sein und manchmal wieder zum Kind werden, wenn entsprechende Erinnerungen auftauchen. Eine Frau kann stark und selbstständig sein, sich trotzdem manchmal danach sehnen, schwach sein zu dürfen, und ab und zu eine diebische Lust entwickeln, andere vor den Kopf zu stoßen. Das sind alles Teile der Persönlichkeit, die ein Ganzes ergeben.

Es ist etwas anderes, wenn Kinder traumatisiert werden. Der Zustand, in dem sie sich befinden – sei es voller Panik, Angst oder Schmerz – wird eingefroren und mit ins Erwachsenenalter transportiert, ohne dass dieser Anteil reift oder sich verändert. So kann eine Frau sehr wohl wissen, dass sie in der jetzigen Beziehung ausgenutzt und verletzt wird und es für sie besser wäre, Schluss zu machen. Man kann sich mit dieser Frau sehr gut unterhalten, erreicht aber nur den erwachsenen, vernünftigen Anteil. Wenn diese Frau zu Hause mit ihrem Partner in einen Streit gerät, übernimmt dann aber der verschreckte, kindliche Anteil, der, um sich zu schützen, alles tut, was von ihm verlangt wird. In diesen Momenten ist der erwachsene Anteil nicht da, um Rat zu geben. Und die Frau selbst ist sich wahrscheinlich nicht bewusst, dass sie Anteile in sich trägt, die ganz unterschiedliche Bedürfnisse und Ziele haben. Womöglich ist sie wütend auf sich selbst, weil sie ihre guten Ziele einfach nicht umsetzen kann. Oder sie ist sogar wütend auf das Kind in ihr, das immer alles kaputt macht und der erwachsenen Frau im Wege steht. Dabei ist der kindliche Anteil noch immer traumatisiert und schützt sich, so gut es eben geht.

Die Berater, die diese Dynamik verstehen, sind respektvoll und verständnisvoll allen Anteilen gegenüber. Das heißt, sie konfrontieren die Klienten nicht mit ihren Widersprüchen: »Wieso haben Sie Ihrem Mann denn nicht gesagt, er soll zum Teufel gehen? Das hatten wir doch so besprochen!« Stattdessen helfen sie, sich über die verschiedenen Anteile bewusst zu werden: »Das hört sich an, als habe in dem Moment, als Ihr Mann so wütend geworden ist, ein Teil von Ihnen etwas ganz anderes gebraucht.« In ihrem Buch »Komplex-systemische Traumatherapie und Traumapädagogik« (2014) erläutern Gaby Breitenbach und Harald Requardt, wie eine solche »Teilearbeit« mit traumatisierten Menschen aussehen kann. Das Konzept der verschiedenen Anteile wird vorgestellt, sodass gemeinsam mit den Klienten vorhandene Anteile benannt werden können. Diese Anteile werden dann visualisiert, sei es, indem die Namen auf Karteikarten geschrieben werden, entsprechende Spielfiguren, Stofftiere oder Plastiktiere als Platzhalter gewählt werden oder Turnreifen genutzt werden, in die man sich stellen kann. So können die Klienten sich jeweils einem Anteil zuwenden und herausfinden, was dieser spezielle Anteil für Bedürfnisse, Ängste und Wünsche hat.

»Was braucht dieser Anteil (das verängstigte Kind, der wütende Junge, die verwirrte Fünfjährige)? Wovor hat sie Angst? Wovon träumt er? Was möchten Sie diesem Anteil sagen? Können Sie sich vorstellen, einmal in den Reifen zu steigen, den Sie ›verzweifelte Achtjährige‹ genannt haben? Wie fühlt sich das an? Was sagen Sie in dieser Rolle? Wer von den anderen Anteilen könnte Ihnen jetzt helfen? Wie? Wollen Sie die drei Tierfiguren einmal anders stellen? Was, wenn das erwachsene Ich sich zwischen die zwei anderen stellt, was ändert sich dann?«

Das Ziel ist es, die Betroffenen dazu zu bringen, sich ihrer verschiedenen Anteile bewusst zu werden, ohne diese zu kritisieren oder zu beschuldigen. Bevor sie etwas verändern können, müssen sie erst einmal erkennen, dass das traumatisierte Kind noch immer in ihnen steckt. Es ist aber nicht mehr in der Situation von damals. Es kann heute Hilfe bekommen, und zwar von seinem erwachsenen Ich! Die Therapeutin hilft dabei, die Bedürfnisse der alten Anteile zu verstehen und herauszufinden, was helfen kann. Nur wenn alle Anteile bei der Beratung oder Therapie mitmachen, kann sich etwas ändern.

Für eine Trauerberatung eignet sich eine systemische »Teilearbeit« natürlich nicht, denn dies erfordert profunde therapeutische Erfahrung und Know-how. Dennoch ist es auch für Berater wichtig, die hier beschriebene Dynamik zu kennen. Sie sollten wissen, dass der Mensch, der vor ihnen sitzt, verschiedene Anteile hat, die im Verborgenen wirken. So erklärt sich, warum ein unbedarftes Wort, ein Bild oder eine Stimmung plötzlich etwas auszulösen scheinen, was Betroffene gar nicht erklären können. Man weiß nie, was ein Trigger ist und was die traumatisierten Anteile, die immer mit dabei sind, daraus machen. Wenn die Trauernden scheinbar unbeteiligt über schreckliche Geschehnisse reden oder plötzlich vom Thema abschweifend wie in Trance scheinen, dann dissoziieren sie womöglich. Schuldgefühle und das Gefühl der Wertlosigkeit können den Vordergrund dermaßen ausfüllen, dass kaum Raum bleibt für den »normalen« Trauerprozess.

Berater, die solche Anzeichen bemerken, sollten sich nicht irritieren lassen und Rückweisungen nicht persönlich nehmen. Hier ist viel Geduld gefragt, denn wenn Helfer sich frustriert fühlen, werden die Klienten dies sofort spüren und sich gleich noch schuldiger oder wertloser fühlen. Alles, was die erwachsene Person hört, hören auch die früheren Anteile mit, sodass man hier einerseits Vorsicht walten lassen muss, andererseits aber auch versteckte Botschaften an das Kind senden kann.

»Ich habe bemerkt, dass sich irgendetwas in Ihnen zurückzuziehen scheint, wenn wir dieses Thema berühren. Was passiert in diesem Moment mit Ihnen?

Ihre Hand sieht ganz verkrampft aus, spüren Sie sie noch? Ich möchte Ihnen gern helfen, im Hier und Jetzt zu bleiben. Können Sie beschreiben, wie es Ihrem Körper gerade geht?
Da ist eine tiefe Traurigkeit in Ihnen, und ich habe das Gefühl, diese geht noch sehr viel weiter zurück als der Verlust, den Sie gerade erlitten haben.
Darüber zu reden, fällt Ihnen schwer, und das ist auch in Ordnung. Es gibt da einen Anteil, der darüber nicht reden will. Und vielleicht gibt es einen anderen Anteil, der sich wünscht, dass wir darüber reden. Lassen Sie mich ein Wort zu dem verletzten Kind in Ihnen sagen? ›Ich weiß, du bist da noch irgendwo. Vielleicht hast du Angst. Angst, dass etwas Schlimmes passiert, Angst, dass du enttäuscht wirst, oder Angst, dass dir nicht geglaubt wird. Ich möchte gern herausfinden, was du brauchst, um dich hervorzuwagen.‹
Da ist die Sehnsucht, die Sie beschreiben. Aber manchmal scheint da auch ein anderes Gefühl zu sein. Fast ein gegenteiliges Gefühl. Ist es möglich, dass sich da zwei Persönlichkeitsteile nicht ganz einig sind, was sie fühlen sollen? (Was sagt der eine, was sagt der andere?)
Was möchten Sie dem Kind, das Sie einmal waren, gern sagen? Was würde das Kind, wenn es sprechen könnte, jetzt sagen?«

Wichtig ist, dass die Trauernden Unterstützung bekommen, wenn sie nicht zugelassene Bedürfnisse und Gefühle ausdrücken: Wut über etwaige Täter, Trauer, Scham, Ängste und Ähnliche. Dazu eignen sich oben beschriebene Techniken wie Gespräche mit dem leeren Stuhl, Briefe an andere Personen (die nicht abgeschickt werden müssen!), die Formulierung von Entschuldigungen für Versäumnisse und Fehler, aber auch dafür, dass man das Kind damals zurückgewiesen hat. Am Ende muss das misshandelte Kind verstanden und willkommen geheißen werden, damit es seinen legitimen Platz in der Ich-Welt des Erwachsenen einnehmen kann. Es darf endlich alles fühlen und sein, aber es darf nicht mehr alle Entscheidungen allein treffen, denn es ist jetzt Teil des Selbst mit vielen anderen Anteilen.

Sich der Trauer stellen

Bei dem Wort »Trauer« denkt man unweigerlich an die Verben »trauern« und »traurig sein«. Doch nicht jeder Mensch ist in der Trauerphase tatsächlich »traurig«. Es können durchaus andere Gefühle dominieren: Wut, Verzweiflung, Depression. Früher oder später allerdings muss ein Verlust auch betrauert werden, wenn er verarbeitet und integriert werden soll. Mehr noch, auch Betroffene von Traumata müssen trauern. Denn es gibt viele Dinge, die durch ein Trauma verloren gehen können: die Unbeschwertheit, der kindliche Glaube an die Allmacht der Eltern, die Unschuld, die Unbefangenheit, verpasste Chancen, Freundschaften, die einem wichtig waren, die eigene körperliche Unversehrtheit. All diese Dinge, so sie verloren gingen, müssen betrauert werden! Erst dann kann man akzeptieren, dass sie nun nicht mehr da sind. So gesehen ist Trauer auch eine wichtige Aufgabe innerhalb der Traumaverarbeitung.

Trauerarbeit mit traumatisierten Menschen muss daher immer im Blick haben, dass Trauer auch diese erweiterte Bedeutung hat. Wir helfen den Patienten anzuerkennen, dass alle Gefühle, Erlebnisse und Zustände, die verloren gegangen sind, einen wichtigen Platz im Leben der Betroffenen hatten und noch immer haben und dass diese es wert sind, sich ihrer zu erinnern und um sie zu trauern. Alle Trauerrituale, die sich für das Gedenken an verstorbene Menschen eignen, können abgewandelt werden, um auch um ideelle, materielle oder existenzielle Werte zu trauern.

So kann ein Mann, dessen Vater starb, als er acht Jahre alt war, aufgefordert werden, sich die Zeit vor dem Tod seines Vaters zu vergegenwärtigen. Was hat das Kind gedacht, gefühlt und erlebt? Welche Charaktereigenschaften waren womöglich vorhanden, die später verloren gingen? Was hat ihm Freude gemacht, welche Träume hatte er? Hier lässt sich auch sehr gut mit der Leeren-Stuhl-Technik (ein leerer Platz oder ein Stofftier auf dem Stuhl symbolisieren das kleine Kind, das erzählen und auf Fragen antworten kann) arbeiten. Wichtig ist es, dem Ich-Anteil, der eine vergangene Epoche oder Zeit vertritt, eine Stimme zu geben.

Menschen, denen das Reden schwer fällt, können aufgefordert werden, Erinnerungen aus glücklichen Tagen aufzumalen. Solche Bilder können konkret sein, also eine bestimmte Person oder Szene einfangen, oder auch völlig abstrakt sein, wenn Stimmungen oder Gefühle allein durch Farben oder Schattierungen ausgedrückt werden.

Betroffene, die sich an verlorene Werte und unwiederbringliche Situationen erinnern, treten in Kontakt mit Ich-Anteilen, die im Innersten schlummern. Statt diese Stimmen zu verdrängen und zu unterdrücken, werden sie ernst genommen und gehört. So wird die Trauer darüber, was verloren ist, oft erstmals bewusst und für eine Zeit scheint die Trauer ins Unermessliche zu wachsen. Doch gleichzeitig zeigt sich, dass das, was verloren schien, nicht gänzlich verschwunden ist. Der Nachhall schwingt fort. Und dieser Nachhall kann vielleicht auch neue Kraft geben, neue Hoffnung oder zumindest Trost. Vielleicht entdeckt die erwachsene Frau, dass kindliche Anteile wie etwa die Freude über ihre körperlichen Kräfte oder die Offenheit anderen Menschen gegenüber noch vorhanden sind. Oder sie entdeckt Dinge wieder, die ihr im Erwachsenenleben neue Kraft geben können.

Auch die Trauer um geliebte Menschen kann durch Rituale transformiert werden. So lässt sich ein Lebensbild, wie auf Seite 97 und 103 beschrieben wird, auch für verstorbene Personen erstellen. Oder anhand von Fotos wird die Lebensgeschichte erzählt, schöne, aber vielleicht auch schwierige

Momente werden wiedererlebt. Möglich ist auch eine Kreativarbeit (Bild, Geschichte, Collage etc.), in der die verstorbene Person in ihrem jetzigen Seelenzustand festgehalten wird. Dazu muss man nicht an ein Leben nach dem Tod glauben. Eigentlich kann jeder sich vorstellen, dass Menschen in ihren letzten Lebensmomenten durchflutet werden von Empfindungen: Das können Erinnerungen sein, Erlösungsgefühle, Hoffnungen für die Zurückbleibenden, Dankbarkeit für empfundenes Glück, Liebe, Zuversicht. Solche Gedanken lassen sich sehr schön in ein Bild oder eine Erzählung einfügen. Letztlich ist auch ein Gespräch mit der verstorbenen Person ein Weg, um noch einmal in Kontakt zu kommen, Dinge zu bereuen, Gefühle auszudrücken und Dankbarkeit zu äußern. Dies könnte in Form eines Gesprächs mit dem leeren Stuhl oder mit einem Symbol, das für die Person steht, stattfinden. Oder in Form eines Briefes oder Gedichts (»Was ich dir noch sagen wollte …«). Natürlich verschwindet durch solche Interventionen die Trauer nicht, aber es fällt den Betroffenen möglicherweise leichter, den Verlust zu akzeptieren, als unwiderruflich und gegeben hinzunehmen. Sie finden einen Weg, das Andenken zu bewahren und Anteile aus der Beziehung, die in ihnen weiterleben, im Inneren zu spüren.

Wir können Trauernden nicht sagen, was sie empfinden sollen. Solche Empfindungen gilt es selbst zu entdecken, aber wir machen es möglich, indem wir den Trauernden helfen, über ihr Leben als Einheit zu sprechen, rote Fäden zu finden, Anknüpfungspunkte und frühe Stärken zu entdecken helfen, und die Person in all ihren Facetten und mit all ihren verschiedenen Ichs als Einheit wahrzunehmen, zu akzeptieren und zu bestätigen.

Ich habe im ersten Teil dieses Buches die »erschwerte Trauer« (Seite 15) beschrieben. Diese liegt vor, wenn in der aktuellen Trauer eine alte, nicht verarbeitete Trauer aufbricht. Wenn der früh verstorbene Vater nie richtig betrauert werden konnte, dann wird eine neue Trauer, viele Jahrzehnte später, nicht leicht zu bewältigen sein. Ohne dass dies bewusst wird, kommen die alten Schmerzen wieder hoch. Daher ist es immer sinnvoll, schon gleich zu Anfang nach früheren Verlusten zu fragen. Wenn der Verdacht besteht, dass ein früherer Todesfall nie verarbeitet wurde, dann muss dieser mit in die Beratung oder Behandlung integriert werden. Auch dieser alte »Fall« verdient die volle Aufmerksamkeit einschließlich Ritualen, um das nachzuholen, was damals versäumt wurde.

Die Stellung in der Gesellschaft finden

Prinzipiell kann man sagen, dass die Gesellschaft Trauernden und Opfern von Traumata Mitgefühl entgegenbringt. Dieses Mitgefühl ist allerdings an die Erwartung geknüpft, dass die Opfer sich vorhersehbar benehmen und in ein bestimmtes Schema passen. Nur allzu oft schlägt Opfern sonst Unverständnis, Ablehnung oder sogar Hass entgegen.

Wie wir gesehen haben, empfinden sich viele Betroffene nach dem schrecklichen Geschehen in einem Ausnahmezustand, nicht mehr als Teil der Gesellschaft, sondern in ihrer eigenen Hölle gefangen. Alles, was im Alltag geschieht, betrifft einen plötzlich nicht mehr, wird von außen betrachtet. Man tut dann Dinge, von denen man annimmt, dass sie von einem erwartet werden, aber man kann die Gründe, warum diese wichtig sein sollen, nicht mehr wirklich nachvollziehen. Man fürchtet, dass der Bruch, der einen von der »normalen« Welt trennt, sonst noch größer wird.

In dieser Situation ist es verheerend, wenn die Außenwelt – Einzelne oder gleich die ganze Gesellschaft – die Kluft noch vergrößert, indem die Betroffenen hinterfragt, kritisiert oder ausgegrenzt werden. Wie kann das passieren? Lassen Sie mich einige Beispiele nennen:

- Trauernde, die noch nach Monaten niedergeschlagen scheinen, müssen sehr oft mit der Frage umgehen, ob sie denn immer noch nicht darüber hinweg seien.
- Trauernde, die gern einmal über die verstorbene Person oder ihre Erfahrungen reden wollen, finden niemanden, der sich diesem Thema nähern will.
- Opfern von Missbrauch und Folter, die sich in der Öffentlichkeit als stark und unbeirrt darstellen, wird unterstellt, sie seien entweder kalt, befänden sich in totaler Verdrängung oder sie seien irgendwie unsympathisch.
- Angehörigen, die noch nach Jahren darauf drängen, dass die Ursachen eines Unfalls untersucht werden, wird nahegelegt, sie sollten die Sache doch endlich auf sich ruhen lassen. Sie werden als »Störenfriede« wahrgenommen.
- Betroffene, die sich endlich wieder neu ausrichten wollen, werden immer wieder auf das alte Trauma angesprochen und dazu gedrängt, ihre Gefühle bloßzulegen.
- Vergewaltigungs- und Gewaltopfer müssen sich rechtfertigen, wieso sie dies oder das getan bzw. nicht getan haben.
- Betroffene, die sich dagegen wehren, dass sie in den Medien falsch dargestellt werden, oder die ihre Wut über andere Dinge offen zeigen, werden als hysterisch, ungerecht oder besessen wahrgenommen.

Wie kommt das? Trauma und Verlust geht uns alle an, macht jedem auf irgendeiner Ebene Angst. Die Gefühle, die ausgelöst werden, sind sehr komplex. Wir wollen positive Geschichten hören, die gut ausgehen, um unser eigenes Sicherheitsgefühl zu stärken. Wir wollen uns mit Menschen identifizieren, aber nur bis zu einem bestimmten Grad, bis zu einer gewissen Schmerzgrenze. Wir wehren uns dagegen, mit Tätern in eine Ecke gestellt zu werden (»alle Männer, alle Weißen, alle Politiker« etc.), und selbst wenn dies gar nicht intendiert ist, reagieren wir unbewusst schon dann defensiv, wenn wir zufällig zur gleichen Gruppe gehören, der auch die Täter zugehörten. Wir wollen immer einen Schuldigen haben, denn dann sind Unrecht und Verzweiflung besser zu verarbeiten. Wenn es keine klaren Schuldigen gibt, dann suchen wir einen. Wenn Opfer uns Wahrheiten sagen, die unangenehm sind, dann wollen wir das nicht hören. Die Geschichten von anderen sind doch immer »Geschichten«, die unsere Neugier, unser Bedürfnis nach einem gewissen Gruselelement und nach emotionaler Tragik bedienen. Wenn wir solche Bedürfnisse an uns bemerken, reagieren wir mit Scham, die wiederum abgewehrt werden muss, am besten dadurch, dass andere beschämt werden. Da wir nicht direkt betroffen sind, vergessen wir das Leid schnell wieder und fühlen uns dann ertappt, wenn die Betroffenen uns durch ihr Leid klar machen, dass für sie der Schrecken weitergeht. Statt der Realität ins Auge zu sehen, dass uns zu jeder Zeit unendliches Leid umgibt, tun wir lieber so, als sei es Aufgabe der Leidtragenden, schnellstmöglich wieder zur Normalität zurückzukehren. Wo sinnlose Gewalt wütet, ist der Blick in den Abgrund so beängstigend, dass wir lieber etwas anderes ins Auge fassen, etwa den Gedanken, dass die Opfer vielleicht doch irgendetwas getan haben müssen, um die Gewalt auf sich zu ziehen. Denn sonst könnte uns ja womöglich jederzeit das Gleiche passieren.

Wir sehen also, es gibt viele Gründe, warum Betroffenen von Trauer und Trauma echte Solidarität verwehrt bleibt. Dabei ist Solidarität so wichtig! Nur durch die Solidarität von anderen gelingt es Menschen, langsam wieder Fuß zu fassen und in die Gemeinschaft zurückzukehren.

Was bedeutet dies für die Arbeit mit Betroffenen? Zunächst einmal müssen Helfer und Therapeuten darum wissen, wie verletzlich und sensibel ihre Klienten und Patienten sind. Auch wenn diese ganz in ihrer eigenen Welt zu stecken scheinen, nehmen sie doch genau wahr, wie andere Menschen auf sie reagieren. Jede Nuance, jeder Zweifel, jedes Missfallen wird registriert. Die Reaktionen der Außenwelt werden auf die Goldwaage gelegt. Aber es ist nicht nur die besondere Sensibilität und Verletzlichkeit, die das Verhältnis von Betroffenen zur Umwelt bestimmt. Sie fühlen sich zusätzlich in der Verantwortung: Sie wollen das Anliegen der Toten weitertragen, für Gerechtigkeit sorgen und die Erinnerung wach halten. Wenn man dies nicht versteht, dann können Hinterbliebene leicht als verbissen, rachsüchtig oder hasserfüllt missverstanden werden (mehr zu diesem Thema in Shah u. Weber, 2015).

Der Vater eines der Opfer des Flugzeugabsturzes vom 24. März 2015 in den französischen Alpen weiß, dass er von anderen als »Nervensäge« gesehen wird (Nordbayerischer Kurier, 27.8.2016). Aber dennoch hat er die Lufthansa, die Ärzte und die Eltern des Todespiloten verklagt. Warum tut er das? Er erklärt es so: »Maria […] hätte diese Katastrophe auch nicht so stehenlassen, wenn ihre Familie umgekommen wäre. Ich bin es ihr schuldig. Es geht mir nicht um Strafe. Es geht um Gerechtigkeit für meine Kinder und dass Teile der Verantwortung übernommen werden.« Es geht ihm also ausdrücklich nicht um Rache. Hier ist nicht jemand in pathologischer Trauer steckengeblieben. Der Vater tut, was er tun muss, weil er es seiner Tochter einfach schuldig zu sein glaubt, weil er nicht ruhen kann, weil ihm der Gedanke unerträglich ist, nicht alles dafür zu tun, dass Gerechtigkeit wiederhergestellt wird.

Helfer müssen dies verstehen, wenn sie beobachten, wie Hilfesuchende mit der Umwelt hadern. Sie müssen wissen, dass die Kluft zwischen Betroffenen und dem Rest der Menschheit ein ganz normales Phänomen ist, wenn Menschen Außergewöhnliches widerfährt. Dennoch wollen fast alle Menschen Teil der Gesellschaft sein und leiden darunter, ausgeschlossen zu werden. Das Ziel muss sein, die Kluft mit der Zeit zu überbrücken.

Dies ist eine schwierige Aufgabe, da es hier keine klaren Verantwortlichkeiten gibt. Eigentlich wäre es an der Gesellschaft, die Einsamen, Verzweifelten, Traumatisierten dort abzuholen, wo sie sind. Doch aus den bereits erwähnten Gründen geschieht dies meist nicht. Manchmal versuchen die Betroffenen selbst, ihre Umwelt zu belehren, doch sie treffen dabei oft nur auf taube Ohren. Die Experten, ärztliche, therapeutische und ehrenamtliche Helfer, aber auch die Medien können immerhin versuchen, die Öffentlichkeit darüber zu informieren, was traumatisierte Menschen brauchen. Schließlich leben Millionen Menschen unter uns, die unter den Folgen eines Traumas leiden. Sie brauchen unsere Unterstützung, unser Verständnis und unserer aller Empathie. Davon profitieren am Ende alle!

Den Betroffenen selbst kann man helfen, die Reaktionen der Umwelt besser einzuordnen bzw. ihr Anliegen so rüberzubringen, dass es positiv aufgenommen wird. Viele Ratsuchende erzählen von sich aus, wie schwer ihnen der Umgang mit der Umwelt fällt. Andere wiederum schweigen dazu, weil sie zu beschämt sind, oder glauben, sie machen etwas falsch. Oder weil sie Angst haben, die Helferperson stehe auch auf der anderen Seite. Auch hier gilt: Betroffene wollen nicht belehrt werden. Sie dürfen erst einmal das Bedürfnis haben, verstanden zu werden, ohne gleichzeitig ihrerseits die anderen verstehen zu müssen. Mit anderen Worten, man sollte nicht versuchen, die Umwelt zu erklären: »Ihr Kollege wollte sicherlich nur seine Anteilnahme ausdrücken!« Solche Vermutungen können sehr leicht als Kritik verstanden werden, dass die Betroffenen sich mehr anstrengen sollen, die anderen zu verstehen. Was man allerdings tun kann, ist, Anregungen geben, sich selbst Gedanken zu machen.

»Wie geht eigentlich Ihre Umwelt damit um? Wünschen Sie sich manchmal mehr Unterstützung? Was wünschen Sie sich von anderen Menschen?

Glauben Sie, dass die das wissen? Könnten Sie sich vorstellen, diesen Wunsch ganz direkt auszusprechen?
Haben Sie sich schon mal über die Reaktion von anderen geärgert? Was genau ist passiert? Wie erklären Sie sich das Verhalten der anderen? Wie haben Sie reagiert?
Was, wenn dies in Zukunft noch einmal passieren sollte, könnten Sie sich vorstellen, anders zu reagieren? Was könnten Sie sagen, um ihre Botschaft rüberzubringen?
An wen können Sie sich mit Ihrem Bedürfnis wenden? Gibt es Menschen, denen Sie im Moment nicht so gern begegnen?
Wie könnte die Gesellschaft Sie unterstützen?
Was würde die verstorbene Person sich wünschen? Haben Sie das Gefühl, ihr etwas schuldig zu sein?«

Es spricht nichts dagegen, Wut und Unverständnis über die Reaktionen von anderen einfach stehen zu lassen. Man muss da nichts beschwichtigen: »Sie haben recht, die anderen sind einen Moment lang betroffen, und dann machen sie einfach weiter, als sei nichts geschehen. Das ist schwer auszuhalten, nicht wahr?«

Ist die Kluft, die Trauernde und Umwelt trennt, erst einmal erkannt und benannt und stehen die Helfer als wissende, neutrale Personen zur Seite, dann stellt sich die Frage, ob die Betroffenen nicht doch den Anschluss wiederfinden wollen. Denn auch wenn sie nicht verantwortlich für das Unverständnis oder die Feindseligkeit der anderen sind, so können sie doch Einfluss nehmen darauf, wie man ihnen begegnet. Es mag sein, dass sie mit einigen Menschen keinen Kontakt mehr wollen, und das ist völlig in Ordnung. Doch niemand will ganz isoliert sein. Welche Art der Zuwendung oder Aufmerksamkeit täte gut? Wer sich klar darüber ist, was er von anderen erwartet, hat eine bessere Chance, seine Hoffnungen erfüllt zu sehen.

Aktivitäten, die helfen, den Anschluss an die Gesellschaft nicht zu verlieren:

- sich über eigene Bedürfnisse klar sein, diese ernst nehmen und diese mitteilen;
- sich gegen Verletzungen, Unterstellungen oder Grenzüberschreitungen zur Wehr setzen zu können;
- um konkrete Hilfe bitten (denn Freunde und Bekannte, die nicht wissen, wie sie helfen können, freuen sich, wenn sie etwas Spezifisches zu tun bekommen).
- Schreiben. Kreatives Schreiben, zum Beispiel in Form von Tagebucheinträgen, hilft, Gedanken zu sortieren und sich über sich selbst klar zu werden. Darüber hinaus kann man auch Briefe schreiben, um den Kontakt zu ferner lebenden Freunden und Familienmitgliedern zu beleben oder um Dinge auszudrücken, die man nicht so leicht aussprechen kann.
- Malen oder einen anderen künstlerischen Ausdruck finden;
- einer Selbsthilfegruppe beitreten;
- im Umgang mit Medien größte Sorgfalt walten lassen (keine vorschnellen Interviews geben oder am besten einen Berater oder Anwalt an der Seite haben, wenn die Öffentlichkeit den Fall mit großem Interesse verfolgt);
- vor juristischen Schritten eine gute Beratung einholen (um sich über alle möglichen Konsequenzen klar zu sein).

Der Wunsch, Teil einer Gemeinschaft zu sein, ist menschlich. So geht die Selbst-Psychologie nach Heinz Kohut (1995) von drei Grundbedürfnissen aus: gespiegelt zu werden (das Kind will den Glanz im Auge der Mutter sehen, also geliebt werden), zu idealisieren (das Kind sucht sich Vorbilder, denen es nachstreben möchte) und drittens, sich zugehörig zu fühlen (zu einer Gruppe oder zur Menschheit ganz allgemein). Auch die Selbstbestimmungstheorie (nach Ryan und Deci, 1985) postuliert drei Grundbedürfnisse: Kompetenz, Autonomie und soziale Eingebundenheit. Es gibt noch viele weitere Modelle, so etwa das

Modell der neun Grundbedürfnisse von Max-Neef oder die Maslow'sche Bedürfnishierarchie. Immer wird soziale Einbindung bzw. Partizipation als ein grundlegendes Bedürfnis erkannt.

Wenn Menschen aufgrund eines Verlustes oder eines Traumas einige Grundbedürfnisse, sei das nun das Bedürfnis nach Liebe und Partnerschaft, Kompetenz oder Selbstbestimmung, nicht ausleben können, dann sollte wenigstens das Grundbedürfnis nach sozialer Eingebundenheit befriedigt werden. Wo möglich, sollten Helfer den Betroffenen auf dem Weg zurück in die Gemeinschaft behilflich sein.

Aktivitäten und Resilienz aufbauen

Leiden, Leid ertragen, trauern: Das hört sich erst einmal sehr passiv an. Wenn das Schicksal die Kontrolle an sich reißt und den Betroffenen keine Chance lässt, das Schreckliche zu verhindern, dann fühlen diese sich ausgeliefert, hilflos und ohnmächtig. Diese Ohnmacht aber ist, wie wir gesehen haben, ein verheerendes, lähmendes Gefühl. Solange Menschen in der Ohnmacht verharren, können sie weder wachsen, noch heilen, können keinen neuen Lebensmut entwickeln.

Dabei ist die Trauer- und auch die Traumaarbeit etwas Aktives. Immer gibt es verschiedene Wege, zwischen denen gewählt werden muss. Rede ich über meine Gefühle oder gehe ich ihnen aus dem Weg? Beschäftige ich mich mit den Verstorbenen oder versuche ich sie zu vergessen? Nur fühlen sich die Betroffenen oft trotzdem ausgeliefert und hilflos. Hier können Berater und Therapeuten zur Seite stehen und Klienten dabei unterstützen, das Gefühl der Kontrolle zurückzuerlangen. Diese Kontrolle kann im Kleinen beginnen: sich bewusst für ein Gericht, ein Lied, ein Foto bei der Trauerfeier zu entscheiden, einen Text oder eine kurze Rede schreiben im Andenken an die verstorbene Person. Aktivitäten sind bestens geeignet, um einem das Gefühl zu geben, etwas ausrichten zu können bzw. einen Unterschied zu machen oder auch selbstwirksam zu sein.

Mögliche Aktivitäten:
- Schreiben (Tagebuch, Briefe, freies handschriftliches Schreiben, Leserbriefe, Berichte, die Lebensbeschreibung einer verstorbenen Person, einen Abschiedsgruß);
- sich künstlerisch betätigen;
- eine Dokumentation (mit Filmen, Fotos, Musik oder Texten) über das Erlebte zusammenstellen;
- ein Anliegen, das der verstorbenen Person wichtig war, unterstützen;
- eine Patenschaft übernehmen;
- sich für etwas einsetzen, das im Zusammenhang mit dem Trauma bzw. Verlust steht;
- Bewegungen, Tanzen;
- Kochen;
- Reisen;
- etwas Neues beginnen (Sprache lernen, Sport treiben, Sammlung);
- einen Garten pflegen, Blumenbeete anlegen, einen Baum pflanzen.

Das heißt nicht, dass Menschen, die gerade noch unter Schock standen, sofort damit beginnen sollen, eine neue Sprache zu lernen. Direkt nach dem Trauma oder dem Verlust kann man kaum einen Fuß vor den anderen setzen, geschweige denn ein Kunstwerk anfertigen oder einen Tanzkurs belegen. In dieser Phase, das habe ich bereits geschrieben, genügt es, wenn andere zumindest nicht über einen hinweg entscheiden, wenn die Betroffenen miteinbezogen werden. Schon zu Beginn stehen viele Entscheidungen an. Wo soll die Beerdigung stattfinden? Was steht in der Anzeige? Welche medizinische Maßnahme kommt nach dem

Überfall infrage? Welche Familienmitglieder können vor Ort unterstützen? Die Betroffenen sollten nach Möglichkeit immer gefragt werden. Wenn sie nicht in der Lage sind, eine Entscheidung zu treffen, dann sollten sie dennoch über die Entscheidungen informiert werden. Und sobald sie beginnen, wieder aktiver zu werden, dann ist es sinnvoll, diese ersten Anzeichen von Selbstbestimmung zu unterstützen.

Am Anfang genügen kleine Schritte, um dem Gefühl des Ausgeliefertseins und der Ohnmacht etwas entgegenzusetzen. Die Aktivitäten sollten auf jeden Fall mit Bedacht ausgeführt werden. Natürlich kann man auch wild drauflospinseln, das ganze Haus putzen oder einen Marathonlauf um den See veranstalten. Dagegen ist auch gar nichts zu sagen, nur ist der Zweck von solchem Aktionismus ein anderer: Es geht dann um Ablenkung, um Nicht-denken-Müssen, um Beschäftigung. Das muss auch mal sein. Es hilft aber nicht, um das Gefühl zu bekommen, die Kontrolle über das eigene Leben zurückzuerlangen. Dafür wird ein gewisses Maß an Achtsamkeit benötigt, die Aktivitäten müssen also bewusst und gewollt ausgeführt werden.

So wird noch ein weiterer Zweck erreicht: Die Verarbeitung des Traumas bzw. der Trauer findet nun nicht nur im Intellekt statt, sondern es werden andere Hirnbereiche miteinbezogen. Verschiedene Areale in beiden Hirnhälften werden miteinander verknüpft, gleichzeitig werden positive Empfindungen im Zusammenhang mit dem Erlebten ausgelöst. Glückshormone werden ausgeschüttet, wenn man etwas zur eigenen Zufriedenheit ausgeführt hat, und diese wiederum bewirken, dass Stresshormone abgebaut werden. Während der Geist noch mitten in der Trauer- und Traumaverarbeitung steckt, beginnt der Körper bereits, das Gleichgewicht wiederherzustellen.

Im günstigen Fall können die Betroffenen von Trauer und Trauma nun auch den Anschluss an das frühere, prätraumatisierte Ich wiederfinden. Denn jeder Mensch hat eigene Bewältigungsmechanismen, Ressourcen und Stärken. Dies macht die ganz persönliche Resilienz aus. Resilienz, also Widerstandsfähigkeit, besteht aus angeborenen und angelernten Eigenheiten. Hierzu zählen Extrovertiertheit, soziale Eingebundenheit, angeborene Talente, Einfühlungsvermögen, Offenheit, Neugier, Ausgeglichenheit und Selbstvertrauen. Wie ich bereits geschrieben habe, sind dies alles Faktoren, die einen Einfluss darauf haben, wie gut man mit widrigen Lebensumständen und Krisen umgehen kann. Extrovertierte, verantwortungsbereite, umgängliche und talentierte Mitmenschen, die zudem noch als Kinder positive Bindungserfahrungen gemacht haben und aktuell über ein gutes soziales Netzwerk und ein gesundes Selbstvertrauen verfügen, haben ein geringeres Risiko, nach einem Trauma bleibende Störungen zu erleiden. Einmal traumatisiert, werden einige dieser Stärken unweigerlich zurückgesetzt, aber vieles lässt sich wieder aufbauen und reparieren.

Nur muss man sich dieser Stärken auch bewusst sein! Und dann sein Licht nicht unter den Scheffel stellen, sondern ganz bewusst und voller Stolz auf die Dinge blicken, die einen im Leben weitergebracht haben. Das sind nicht nur die eigenen Talente und Persönlichkeitsmerkmale wie Ehrgeiz, Beharrlichkeit, Empathie und Intelligenz, sondern auch Visionen, Träume und Menschen, die einem Selbstvertrauen und Liebe mitgegeben haben.

»Welche Krisen haben Sie in der Vergangenheit gemeistert? Was hat Ihnen dabei geholfen? Auf welche Leistung in Ihrem Leben, auf welche Eigenschaften sind Sie stolz? Welche Träume und Visionen leiten Sie im Leben? Gibt es Menschen, die Ihnen in wichtigen Momenten zur Seite standen, auf die Sie sich verlassen konnten? Wer sind Ihre Vorbilder? Wie haben Sie anderen Menschen in der Vergangenheit geholfen? An welche Dinge glauben Sie, auf welche Dinge vertrauen Sie? Was bedeutet Liebe für Sie? Was ist Ihre größte Stärke?

Worauf freuen Sie sich? Welche neuen Entdeckungen würden Sie gern machen?«

Die Gesundheit eines Menschen lässt sich an messbaren Werten wie Puls und Blutdruck ablesen. Dabei ist aber oft nicht der eigentliche Wert entscheidend, sondern die Flexibilität, mit der das System auf veränderte Umstände reagieren kann. So ist beispielsweise die Herzfrequenzvariabilität, ein Wert, der misst, wie schnell sich das Herz von Ruhe- auf Stresssituationen und umgekehrt umstellen kann, ein guter Indikator für die Gesundheit des Herzens. So ähnlich ist es auch mit der psychischen Gesundheit. Wer sich gut und schnell anpassen kann, hat eine sehr viel höhere Resilienz. Wer, um ein Beispiel zu geben, einen Wanderurlaub geplant hat und sich am Vorabend der Reise ein Bein bricht, ist natürlich erst einmal verärgert. Unflexible Menschen ärgern sich dann die ganze Urlaubszeit über darüber, dass sie nicht da sind, wo sie doch eigentlich sein wollten. Flexiblen Menschen gelingt es aber relativ schnell, sich neu auszurichten: »Schade, aber ich könnte ja dann den Wellnessurlaub machen, das wäre auch sehr schön.« Und selbst wenn keine Alternative möglich ist, gibt es immer noch Menschen, die sagen: »Doof gelaufen, aber jetzt ist das halt so.« Ob man zu der einen oder der anderen Sorte Mensch gehört, hat viel mit der angeborenen Persönlichkeit zu tun, aber andererseits kann man doch trainieren, etwas flexibler im Leben zu sein. Wie soll das gehen? Sich über seine eigenen Gefühle im Klaren sein, ihnen nachspüren und dann mit Achtsamkeit überlegen, was man braucht und was einem gut tut. Wer es schafft, durch verbesserte Selbstwahrnehmung und Achtsamkeit eine flexiblere, optimistischere Grundeinstellung zu bekommen, wird mit zukünftigen Widrigkeiten besser umgehen und schneller auf die Füße kommen können. Im Dritten Teil dieses Buches finden sich noch einige gezielte Übungen, um Resilienz zu trainieren (Seite 119 ff.) – eine sinnvolle Maßnahme nicht nur für Betroffene, sondern auch für Menschen, die ihnen zur Seite stehen und somit der Gefahr ausgesetzt sind, selbst an einer sekundären Traumatisierung zu erkranken.

Auflösen von Schuldgefühlen, Wiederentdecken von Lebensfreude

Irgendwann wird es für die meisten Menschen wieder bergauf gehen! Wenn auch nach längerer Zeit keinerlei Verbesserung der Gefühlsstimmung, der Zukunftsperspektive oder der Lebensfreude ganz allgemein auftritt, dann liegt wahrscheinlich eine schwere depressive Episode oder anderweitige psychische Erkrankung vor, die ärztlich behandelt werden sollte. Doch in den allermeisten Fällen wird es eine Verbesserung geben.

Um Patienten und Ratsuchenden, die bereits erste Anzeichen einer Stimmungsaufhellung zeigen, dabei zu helfen, ihre eigene Befindlichkeit zu erkennen, bietet sich eine Übung auf Papier an. Auf einem großen Blatt Papier zeichnen sie eine Lebenslinie, die sich auf einer Skala von 0 (elender, verzweifelter Zustand) bis 10 (euphorischer Glückszustand) bewegt. Vermutlich würde für die meisten Menschen die Linie ab der Geburt für eine lange Zeit im mittleren Bereich verlaufen, mit kleineren Höhen und Tiefen, bis es zu dem Bruch, dem Trauma oder dem Todesfall kommt. Dann sackt die Linie voraussichtlich drastisch ab. Doch wie geht es nun weiter? Wie lange bleibt der emotionale Zustand im unteren Bereich? Gibt es kleine Abweichungen nach oben? Was hat diese ausgelöst? Wie fühlt es sich an, einmal aus dem tiefen Tal herauszuschauen?

Kurioserweise reagieren viele Betroffene auf die ersten Anzeichen von wiederkehrender Freude oder Normalität nicht etwa erleichtert, sondern erschrocken oder sogar schuldbewusst. Sie fühlen sich vielleicht wie Verräter an der verstorbenen Person oder gestehen sich einfach nicht das Recht zu, wieder Spaß zu haben, unbeschwert zu sein und dem Leben etwas abzugewinnen.

Dann können Fragen helfen wie:

»Welche Wünsche hätte die verstorbene Person für Sie gehabt?
Welche Gefühle kommen in Ihnen auf, wenn Sie Freude empfinden?
Wo genau sitzt dieses Gefühl? Was will es Ihnen wohl sagen?
Stellen Sie sich vor, Sie können eines Tages wieder laut lachen. Was würde das bedeuten?
Können Sie sich vorstellen, je wieder unbeschwert zu sein? Wie wäre das? Was würde das bedeuten?
Welche Gefahr sehen Sie darin, dem Leben erneut ins Auge zu sehen?«

Schuld- und Schamgefühle sind sehr mächtige Gefühle, die man niemandem ausreden kann, ich habe bereits darauf hingewiesen. Das ist auch der Grund, warum viele Betroffene von Trauma und Trauer diese Gefühle im Inneren verschließen. Zu oft schon haben andere gesagt: »Aber es war doch nicht deine Schuld.« »Deswegen brauchst du dich doch nicht zu schämen.« Nur leider bewirken diese Versicherungen nicht viel. Man macht sich trotzdem weiter Vorwürfe und beschließt, sie einfach für sich zu behalten.

Ein weit verbreitetes Schuldgefühl ist das sogenannte Überlebenssyndrom. Es tritt auf, wo immer Menschen sterben und andere weiterleben. Die Mutter, deren Kind umgekommen ist. Flutopfer, die sich retten konnten, obwohl andere ertranken. Nazi-Verfolgte, die überlebten, während alle anderen Familienmitglieder ermordet wurden. Sie alle fragen sich: »Warum ich? Warum habe ich überlebt?« Die Antwort »purer Zufall« ist keine zufriedenstellende Antwort, damit lässt sich niemand abspeisen. Es muss doch einen tieferen Grund geben, so denkt der Mensch.

Und ohne genau sagen zu können, worin eigentlich die Schuld besteht, fühlen sich Überlebende schuldig. Denn sie wissen: Die anderen hätten auch gern überlebt. Die Fantasie formuliert schnell Vorwürfe und legt sie den Verstorbenen in den Mund: »Warum hast du mich nicht auch gerettet? Ich hätte es doch viel eher verdient zu überleben. Ich war jünger, hatte Kinder, hatte so viel Lebenslust.« Menschen voller Träume, getrieben von Lust auf Leben, sind umgekommen, und man selbst hat überlebt, obwohl man im Moment das Leben überhaupt nicht genießen kann, sich keine Zukunft vorstellen kann. Das scheint ungerecht und der Schluss liegt nahe, dass man das gewonnene Leben gar nicht verdient hat. Das Schicksal hat einen Fehler gemacht, den Falschen ausgesucht. So oder so ähnlich könnten die Argumente lauten. Doch meist ist es nur ein diffuses Gefühl, das bleibt: das Gefühl, unwürdig zu sein, schuldig, beschämt.

Doch solange Menschen sich schämen und schuldig fühlen, können sie den Weg zurück in die Normalität nicht finden. Häufig stecken Betroffene in einem Teufelskreis fest: Auf ein traumatisches Ereignis, das mit Gefühlen von Demütigung und/oder Hilflosigkeit einherging, folgen erste Gefühle von Schuld und Scham. Dies führt dazu, dass das Ereignis nicht richtig verarbeitet werden kann, was wiederum Schuld- und Schamgefühle auslöst. Die Betroffenen finden einfach nicht zurück in eine Position der Selbstwertschätzung und Selbsteffektivität. Daher ist es sehr hilfreich, wenn man Betroffene früh dazu bringt, über eben diese Gefühle zu reden. Und dann nicht gleich alle Vorwürfe vom Tisch wischt, sondern sie erst einmal bestehen lässt: »Da tragen Sie ja an einer großen Verantwortung!« »Warum glauben Sie, ist das Ihre Schuld?« »Wie schwer es sein muss, dieses Schuldgefühl mit sich zu tragen!«

Manchmal besteht ja wirklich eine Mitschuld an der Katastrophe, eine Art Verantwortung. Vielleicht haben die Betroffenen nicht zugehört, etwas übersehen, durch eine unbedachte

Bemerkung etwas ausgelöst, waren an einem Unfall beteiligt oder haben sonst wie einen Beitrag zum Unglück geleistet. Dann muss man dieser Schuld ins Auge sehen, ohne sie aber überzubewerten:

»Was hätten Sie anders machen können?
Hätten Sie das getan, wenn Sie gewusst hätten, was danach passiert?
Wie hätte x reagiert, was hätte y getan?
Wenn die Schuld an dem Unglück zu hundert Prozent verteilt würde, wie viel Prozent davon würden auf Sie fallen?
Was würde die Person selbst Ihnen vorwerfen?
Was würde geschehen müssen, damit Sie sich vergeben können?
Wenn jemand anders so gehandelt hätte, welche Strafe oder Sühne würden Sie für angebracht halten?
Wenn es umgekehrt gewesen wäre, könnten Sie der anderen Person vergeben?«

Und natürlich hilft es auch, wenn Berater und Therapeuten immer wieder erwähnen, dass solche Gefühle »normal« sind nach einem Todesfall und auch nach einem Trauma. Hier können Gruppen helfen, wo Betroffene auf andere Menschen treffen, die ganz ähnlich empfinden und sich so gegenseitig unterstützen können.

Noch eine andere Variante von Schuld ist es, wenn Menschen mit Kindheitstraumata die Schuld für vergangene Misshandlungen oder Vernachlässigungen bei sich suchen. In diesem Zusammenhang wird oft der Begriff »Identifikation mit dem Aggressor« verwandt. Man muss verstehen, dass Kinder nicht in der Lage sind, Verantwortlichkeiten zuzuweisen. Die Erwachsenen haben die ganze Macht, und was sie tun, muss richtig sein. Auch das Gefühl des Ausgeliefertseins wird so umgangen: »Wenn ich nur alles richtig gemacht hätte, dann wäre ich nicht geschlagen/missbraucht worden.« Was bleibt, ist das Gefühl, selbst schuld zu sein, das Gefühl der Scham. Dabei kann der erwachsene Anteil sehr wohl verstehen, dass das Kind unschuldig war, und womöglich auch große Wut für die Misshandler empfinden. Und dennoch: Die kindlichen Anteile tragen die Schuld weiter in sich. Hier kann die bereits beschriebene Arbeit mit Persönlichkeitsanteilen helfen. Gleichzeitig muss aber auch das Selbstvertrauen neu aufgebaut und die eigene Persönlichkeit wiederentdeckt werden. Neue Beziehungen, die auf Vertrauen und Achtung beruhen, müssen sich entwickeln, um die Grundlage zu bieten für die neuen Erfahrungen und Heilungsansätze.

Wenn sich Schuld- und Schamgefühle langsam auflösen – und manchmal dauert es wirklich lange, denn kaum etwas ist schwieriger im Leben, als sich selbst zu vergeben! –, dann kann auch die wiedererstarkende Lebensfreude angenommen werden. Irgendwann bemerken die Betroffenen, dass sie bei einem Film laut gelacht haben. Oder sie haben längere Zeit nicht an das Unglück gedacht. Das bedeutet nicht, dass sie die Toten vergessen oder dass sie herzlose Monster sind. Es bedeutet nur, dass sie langsam wieder ins Leben zurückkehren, und das ist gut so.

Übrigens kann man an Kindern sehr gut sehen, wie wichtig es für die Psyche ist, sich ein bisschen Freude zu erlauben. Kinder, die ein Elternteil oder ein Geschwisterkind verloren haben, trauern sicherlich genauso tief wie Erwachsene, wenn nicht tiefer, doch sie können trotzdem während der akuten Trauerphase im Spiel versinken, alles um sich herum vergessen und eventuell auch lachen. So erlauben Sie ihrem Gehirn Pausen von der sehr anstrengenden und schmerzhaften Phase der Trauer, Pausen, die auch Erwachsene gut gebrauchen könnten.

Integration und Sinnfindung

Eingangs habe ich gesagt, dass Integration die Aufgabe sowohl der Trauer- als auch der Traumaarbeit ist. Der Kreis schließt sich also wieder, denn am Ende müssen Betroffene, ganz egal, was sie erlebt haben, eine kohärente Lebensgeschichte für sich erstellen, die alle Traumata und Verluste mit einschließt. Dies ist eine Aufgabe, die am Anfang, wenn der Verlust noch so schmerzt, dass man sich ein Leben ohne die geliebte Person gar nicht vorstellen kann, nicht möglich ist. Doch irgendwann, wenn Zukunft als Perspektive wieder in den Bereich des Möglichen gerät, stellt sich die Frage, was das Erlebte für die eigene Biografie bedeutet. Natürlich gibt es ein Vorher und ein Nachher. Jedes Leben, wenn man es als Linie auf ein Blatt malen wollte, führt auf und ab. Jedes Leben hat Höhen und Tiefen und oft auch Brüche. Und dennoch geht die Linie immer weiter. Sie wechselt die Richtung, aber sie geht niemals zurück.

Wir können Patienten bei der Integration ihrer Lebensgeschichte helfen, indem wir Fragen stellen wie:

»Was war das Schöne an dem früheren Leben? Woran erinnern Sie sich gern? Welche Stärken haben Sie (trotz allem) gewonnen? Welche Eigenschaften begleiten Sie noch heute?
Was hat das traumatische Ereignis/der Verlust für Sie bedeutet? Wie hat dies Sie/Ihr Leben verändert? Welche Lehren/Entschlüsse/Gefühle begleiten Sie bis heute?
Wie erkennen Sie Anteile von früheren Ichs, also vielleicht das Kind, die Jugendliche oder die frühe Erwachsene, in Ihrem heutigen Ich wieder? Wie und wann machen sich diese Anteile bemerkbar? Was können diese Ihnen heute noch mitteilen?«

Natürlich wird es immer Dinge geben, an die man sich gern erinnert, und andere, an die man nicht so gern zurückdenkt.

Wichtig ist aber, dass man nichts verdrängen oder gar leugnen muss und dass es keine Erlebnisse gibt, die so fremd erscheinen, als seien sie einer anderen Person passiert. Letztlich werden wir zu den Menschen, die wir sind, weil wir genau dieses Leben gelebt haben, mit allem, was dazugehört. Doch wenn wir Teile davon nicht wahrhaben wollen, dann verleugnen wir damit einen Teil von uns.

Manchmal hilft es auch, wenn man trauernden oder traumatisierten Menschen andere Möglichkeiten anbietet, um frühere Erlebnisse, Ich-Anteile und Verluste als Teil des eigenen Lebens zu begreifen. Man kann eine lange Rolle Papier anbieten, auf dem die Lebenslinie gezeichnet wird (oder man kann das Blatt mit der Lebenslinie von Seite 97 verwenden). Dort werden die wichtigsten Ereignisse, Personen oder Zeitabschnitte markiert und anschließend wird das Papier bunt dekoriert oder ausgemalt. So lässt sich mit einem Blick sehen, wie viele positive Einflüsse und wie viele niederschmetternde Schicksalsschläge das Leben prägten. Oft tauchen bei der Suche nach positiven Erinnerungen Aspekte auf, die fast schon vergessen waren: die liebevolle Kindergärtnerin, der Stolz über das bestandene Schwimmabzeichen, eine erste Liebe. Diese Erinnerungen können aufgewertet werden, indem man gemeinsam nachspürt, wie groß die Auswirkungen dieser positiven Erlebnisse waren. Am Ende sollte ein Bild entstehen, das deutlich macht: Dieses hier dargestellte Leben ist im Fluss, es mag Untiefen und schwarze Schatten aufweisen, aber alles gehört zusammen.

Sehr viel wirkungsvoller ist eine solche Erkenntnis allerdings, wenn die Betroffenen sie selbst entdecken. Daher wird eine gute Therapeutin nicht sagen: »Sehen Sie mal, diese schwere Zeit, die Sie durchgemacht haben, hat sie doch sehr geprägt. Wer weiß, ob Sie sonst so ein feinfühliger, intensiv lebender Mensch geworden wären.« Stattdessen hat sie ein echtes Interesse daran, herauszufinden, was das Lebensereignis für die betroffene Person bedeutet, und erlaubt ihr so, selbst zu verstehen, wie alles zusammenhängt.

Die Frage, wie alles zusammenhängt, ist schon sehr nahe an der Frage nach dem Sinn. In vielen Büchern zum Thema Trauer, aber auch zum Thema Trauma, wird die Sinnfindung gleichsam als Ziel genannt, das es zu erreichen gilt. In der Tat fragen viele Menschen nach Verlusten und traumatischen Erlebnissen genau dies: »Hat mein Leben noch einen Sinn? Warum ist das passiert? Was für einen Sinn hatte es?«

Nicht gemeint sind hier die unbeholfenen, aus großer Verunsicherung heraus entstehenden Erklärungsversuche von Betroffenen unmittelbar nach dem Geschehen: »Das ist mir passiert, weil ich ein schlechter Mensch bin. Gott wollte mich strafen. Papa ist gestorben, weil ich mir gewünscht habe, dass er mich endlich in Ruhe lässt.« Es handelt sich bei diesen frühen Erklärungsversuchen darum, einen Grund für das Unglück zu finden, und sei er noch so irrational, ein Überbleibsel des magischen Denkens aus unserer Kindheit. Wie ich bereits beschrieben habe, müssen solche Glaubenssätze erkannt werden – was erst einmal nicht so einfach ist, da viele Betroffene diese Theorien für sich behalten – und dann überprüft und geändert werden. Die Frage nach dem eigentlichen Sinn (»Welche Bedeutung hat dieses Ereignis in meinem Leben/für das Leben an sich?«) ergibt sich erst später.

Und wieder gilt: Eine Antwort auf diese Frage muss jeder Mensch selbst finden. Es kann hier keine fertigen Antworten geben. Wir würden viele Trauernde vor den Kopf stoßen, wenn wir ihnen sagten, dass der Tod der geliebten Person einen tieferen Sinn haben könnte. Jeder Mensch muss selbst entdecken, ob und wenn, welcher Sinn hinter allem steckt.

Wahr ist aber auch, dass nach einer gewissen Zeit viele Überlebende eines Traumas und auch viele Hinterbliebenen mit anderen Augen auf ihr Leben blicken. Dann erkennen sie: Nicht alle

Veränderungen waren negativ. Dass aus etwas Katastrophalem auch etwas Positives entstehen kann, das wollen oder können viele Betroffene am Anfang nicht glauben. Und doch geschieht häufig genau das. Untersuchungen haben ergeben, dass fast die Hälfte aller Traumaüberlebenden nach einigen Monaten oder auch Jahren sagen, dass das Trauma ihr Leben zum Positiven gewendet hat.

Positive Veränderungen, die nach traumatischen Erlebnissen auftreten können:
- größere Wertschätzung für das Leben, für die Natur, für andere Menschen;
- intensiveres Erleben;
- Glauben an etwas Höheres, an Menschlichkeit, an etwas Göttliches;
- Zusammengehörigkeitsgefühl mit anderen Überlebenden, Hinterbliebenen oder der Menschheit ganz allgemein;
- Aufgaben oder besondere Anliegen, für die sich der Einsatz lohnt;
- veränderte Prioritätensetzung;
- das Gefühl, stärker (resilienter) geworden zu sein, Herausforderungen meistern zu können, größeres Selbstvertrauen;
- durch erhöhtes Einfühlungsvermögen werden die persönlichen Beziehungen intensiver.

Eine solche positive Veränderung kann durchaus als »Sinn« verstanden werden. Viele Betroffene sagen nach einiger Zeit sinngemäß:

»Wenn mir dieses Unglück nicht widerfahren wäre, dann würde ich noch immer im gleichen Trott wie damals leben. So habe ich auf einmal gemerkt, was wirklich zählt im Leben. Das heißt nicht, dass ich nicht sofort alles zurückdrehen würde, wenn ich könnte. Aber es ist mir heute ein Trost zu wissen, dass ich etwas aus meiner Erfahrung gemacht habe, was mir und anderen Menschen hilft.«

So gesehen ist es auch kein Wunder, dass viele Menschen nach einem Trauma das Gefühl haben, es gehe ihnen jetzt besser als zuvor. Denn große Krisen zwingen einen praktisch dazu, das Leben neu zu bewerten und sich ernsthaft mit der Frage zu beschäftigen, was der Sinn des Lebens ist (vgl. Joseph, 2015). So eröffnet sich die Chance, seinen persönlichen Sinn zu finden. Und das wiederum ist ein großer Beitrag zum persönlichen Glück: Je mehr Sinn ein Mensch in seinem Leben sieht, umso glücklicher ist er nämlich.

Die Sinnfrage für Hinterbliebene gestaltet sich ein bisschen schwieriger. Denn die verstorbene Person bleibt tot, ganz egal, welchen persönlichen Sinn man für sich findet. Während also Traumaüberlebende häufig das Gefühl haben, an ihrem Schicksal gewachsen zu sein, bleibt für viele Hinterbliebene das dumpfe Gefühl des Verlustes und der Trauer bestehen. Doch auch das kann ein Sinn werden: das Andenken an die geliebte Person mit sich zu tragen, die Liebe zu bewahren und den eigenen Ansprüchen gerecht zu werden.

Menschen, die sowohl Traumata als auch Verluste erlebt haben, tragen vielleicht doppelt schwer. Aber das muss nicht bedeuten, dass sie es doppelt so schwer haben, zu heilen. Man kann Verzweiflung und Trauer ohnehin nicht vergleichen und gegeneinander abwägen, kann sie nicht statistisch messen oder ihnen einen Wert beimessen. Aber wer es schafft, nach Verlusten und traumatischen Erlebnissen wieder Hoffnung zu schöpfen und sich neu aufzustellen, wer persönliche Stärken entwickeln und die eigene Resilienz vertiefen konnte, der hat die Chance, das Leben neu zu entdecken.

Ihnen, die Sie Betroffene ein Stück des Weges begleiten, wünsche ich viel Kraft, Mut und Lebensfreude.

Teil 3: Materialien für die therapeutische Arbeit

Skala zur Selbsteinschätzung

Da Betroffene jederzeit von Erinnerungen und Verzweiflungsgefühlen überwältigt werden können, ist es wichtig, dass sie lernen, selbst einzuschätzen, wie es ihnen geht, und zu erkennen, wann die Belastung gefährlich hoch ist. Die eigene Befindlichkeit einzuschätzen, ist aber für viele Menschen sehr schwer und muss daher eingeübt werden. Dies wird erreicht durch die Frage »Wie hoch ist die Belastung, die Sie derzeit spüren, auf einer Skala von 0 bis 10?« und die Hausaufgabe, Tagebuch zu führen und den jeweiligen Zustand mit einer Zahl auf der Skala zu bewerten. Für den Fall, dass die Patienten dies aber anfangs nicht selbst können, lässt sich auch mit einer Skala arbeiten, in der mögliche Symptome bereits aufgeführt sind. In diesem Zusammenhang sollte auch darüber geredet werden, wie viel Belastung die Patienten auszuhalten meinen und was sie konkret tun können und sollen, um von einer hohen Stufe wieder runterzukommen: Atemübungen, Freundin anrufen, Tagebuch schreiben, Spaziergang machen etc. Daher sollte, nachdem die nachfolgende Skala erklärt und durchgesprochen wurde, die Erstellung einer persönlichen Stressreduktions-Liste erfolgen!

Stufe 0: Ich bin völlig unbeschwert und im Reinen mit mir, empfinde tiefe Zufriedenheit und Glück.
Stufe 1: Mir persönlich sind schlimme Dinge passiert, aber ich kann damit umgehen. Es geht mir gut.
Stufe 2: Ich kann mich an schlimme Dinge oder an verstorbene Personen erinnern, aber diese Erinnerungen belasten mich im Alltag nur minimal.
Stufe 3: Wenn ich mich erinnere oder an die verstorbene Person denke, kommen die Gefühle von damals bzw. die Trauer wieder hoch. Dabei weine ich auch. Doch ich kann diese Erinnerungen auch zur Seite schieben und in erinnerungsfreien Momenten geht es mir gut. Alltägliche Aufgaben werden für Momente aufgeschoben, aber wenn die Beruhigung einsetzt, führe ich sie wieder aus.
Stufe 4: Die unschönen Gedanken und Erinnerungen drängen sich manchmal auf, ohne dass ich sie gleich wegschieben kann. Ich fühle manchmal Trauer, Sorge oder andere unangenehme Gefühle.
Stufe 5: Wenn ich mich an das Trauma oder an die verstorbene Person erinnere, gerate ich unter Druck oder empfinde psychischen Schmerz. Mein Puls geht hoch, mir wird übel, ich werde zittrig oder erfahre andere Anzeichen von Stress. Es dauert eine Weile, bis ich mich wieder beruhige. Ich habe aufgehört, einige Dinge zu tun, die mir früher Spaß gemacht haben. Manchmal nehme ich Medikamente oder trinke Alkohol, um mich zu beruhigen. Ich vermeide gelegentlich bestimmte Situationen oder bin manchmal ängstlich. Ich habe ab und zu Weinkrämpfe.
Stufe 6: Es geschieht mehrmals am Tag, dass ich von Erinnerungen überwältigt werde. Das Unwohlsein erstreckt sich auf meine allgemeine Befindlichkeit in Form von schlechtem Schlaf, Albträumen, verändertem Essverhalten, Nervosität, Kopfschmerzen oder anderen körperlichen Symptomen. Ich

achte nicht gut auf mich, lasse mich gehen. Ich bin allgemein sehr unkonzentriert. Ich nehme regelmäßig Medikamente oder trinke Alkohol. Ich vermeide häufig bestimmte Situationen. Ich bin häufig ängstlich, ich weine oft. Ich habe das Gefühl, dass ich Hilfe brauche.

Stufe 7: Da ich nie weiß, wann der nächste Flashback oder die Erinnerung kommt, bin ich eigentlich immer auf der Hut, immer in Anspannung. Körperliche Schmerzen und Symptome werden stärker/chronisch, sodass ich bereits ärztliche Hilfe eingeholt habe. Ich mache mir ernsthafte Sorgen um meine Gesundheit. Körperpflege und Arbeitsabläufe fallen mir immer schwerer. Ich habe immer Angst. Gefühle von Wertlosigkeit oder Schuld und Scham dominieren.

Stufe 8: Ich leide die meiste Zeit unter den Erinnerungen oder Symptomen. Ich fühle mich ständig elend, grübele, habe Angst, fühle mich niedergeschlagen oder Ähnliches. Es gibt alltägliche Dinge, die ich überhaupt nicht mehr erledige. Manchmal habe ich das Gefühl, nicht ich selbst zu sein, kenne mich selbst nicht mehr. Körperliche Symptome haben sich verselbstständigt bzw. ich weiß nicht, ob sie etwas mit meinem Trauerzustand zu tun haben oder ob ich ganz einfach krank bin. Es treten Panikanfälle auf.

Stufe 9: Ich bin ständig verzweifelt und untröstlich. Ich kann mich um nichts mehr kümmern, vernachlässige mich selbst und andere Personen. Andere Menschen dringen nicht mehr zu mir durch, ich bin krankgeschrieben, weiß nicht weiter. Ich erwäge, ob ich nicht meinem Leben ein Ende setzen sollte.

Stufe 10: Ich habe psychotische Episoden, eine lebensbedrohliche Krankheit oder bin offen aggressiv gegen Personen und mich selbst. Ich habe einen konkreten Plan, mich zu suizidieren und möchte diesen Plan bald umsetzen.

Erdung

Wenn Patienten von ihren Gefühlen überwältigt werden, wenn sie dissoziieren, einen Flashback erleben, einen Panikanfall erleiden oder sonst wie außer sich geraten, hilft es, sie ins Hier und Jetzt zurückzubringen, sie gleichsam zu »erden«. Dazu richtet man ihre Aufmerksamkeit auf ihre Atmung, auf ihre Umgebung, auf die Wahrnehmung von Geräuschen, Gerüchen oder Eindrücken, was immer sich gerade anbietet. Hier eine Auswahl von hilfreichen Anweisungen, die je nach Situation angewendet werden können:

»Atmen Sie tief ein! Zählen Sie bis drei und atmen dann wieder aus. Fühlen Sie den Boden unter Ihren Füßen! Stampfen Sie einmal fest auf, um ihn wirklich zu spüren.
Sehen Sie sich um. Nennen Sie alles, was Sie sehen. Beschreiben Sie die einzelnen Gegenstände.
Wie empfinden Sie die Temperatur im Moment? Welche Geräusche, Gerüche nehmen Sie wahr?
Spüren Sie Ihren Bauch? Atmen Sie einmal bewusst in den Bauch hinein!
Sagen Sie laut Ihren Namen, das heutige Datum und wo Sie sich befinden.
Welche Dinge wollen Sie heute noch erledigen?
Beschreiben Sie, wie Sie gerade sitzen. Ist es bequem? Gibt Ihnen diese Haltung Sicherheit? Verändern Sie Ihre Haltung. Wie ist es jetzt? Was hat sich verändert?
Schütteln Sie Ihre Arme und Hände aus! Schütteln Sie sich frei! Klatschen Sie in die Hände!
Stehen Sie auf und setzen Sie sich wieder hin.
Machen Sie einige Schritte.
Berühren Sie den Stuhl, auf dem Sie sitzen. Wie fühlt er sich an? Beschreiben Sie das!

Welches Körpergefühl können Sie identifizieren? Was fühlen Sie im Bauch, in der Brust, im Kopf, im Herzen?
Beschreiben Sie mit dem rechten Arm Kreise, während Sie mit dem linken Arm Auf-und-ab-Bewegungen machen.
Zählen Sie von 1000 in 7-er-Schritten rückwärts.
Nennen Sie drei Dinge, die Sie bei Ihrem nächsten Einkauf mitnehmen wollen.
Was haben Sie heute Morgen gegessen?
Können Sie an Ihren Sicheren Ort gehen (falls dieser bereits eingeübt wurde)?
Legen Sie eine Hand auf die Brust und die andere auf den Bauch. Welche Hand hebt sich beim Einatmen mehr? Atmen Sie tiefer in den Bauch ein. Hebt sich die Hand jetzt mehr?«

Der Sichere Ort

Hier nun eine Anregung für eine Visualisierung, um den eigenen Sicheren Ort zu finden. Die Ausführenden machen es sich bequem. Im Beratungszimmer kann das bedeuten, sich einfach im Sessel zurückzulehnen. Wenn ein Sofa vorhanden ist, ist auch die Liegeposition möglich. Allerdings sollte darauf geachtet werden, dass Traumaüberlebende oft ein großes Bedürfnis nach Sicherheit und Kontrolle haben. Daher sollte die folgende Übung erst eingeführt werden, wenn leichtere Atem- oder Achtsamkeitsübungen erfolgreich durchgeführt wurden. Selbstverständlich dürfen die Ausführenden auch die Augen offen lassen, wenn dies das Sicherheitsgefühl verstärkt. Am besten finden Sie Ihren eigenen Text, aber für den Anfang können Sie sich an dem folgenden orientieren:

»Lehnen Sie sich ganz entspannt zurück. Atmen Sie tief ein und aus – ja genau so! Sie können sich gern noch ein wenig hin und her bewegen, bis Sie eine Position gefunden haben, die passt. In der Sie sich wohlfühlen. Spüren Sie, wie Ihre Arme die Stuhllehne berühren? Öffnen Sie ruhig die Hände, erlauben Sie Ihren Gliedmaßen, ganz locker und leicht ihren Platz einzunehmen. Wenn Sie mögen, schließen Sie die Augen. Oder suchen Sie sich einen Punkt im Raum, den Sie mit den Augen fixieren, um nicht abgelenkt zu werden, wenn wir gleich eine Reise ins Innere antreten.

Sehr schön. Achten Sie auch wieder auf Ihren Atem. Mit jedem Ein- und Ausatmen erleben Sie etwas mehr Entspannung, mehr Ruhe, mehr Gelassenheit. Es kann passieren, dass der Geist abschweift, vielleicht aufgrund von Geräuschen von außen oder von Gedanken aus dem Inneren. Das ist normal. Lassen Sie diese Eindrücke und Gedanken einfach wieder los und richten die Aufmerksamkeit immer wieder zurück auf den Atem.

Wenn Sie jetzt bereit sind, möchte ich Sie einladen, in Ihrem Inneren einen Ort zu suchen, der Ihnen Schutz und Sicherheit bietet. Vielleicht gibt es solch einen Ort tatsächlich für Sie? Oder es gibt eine Erinnerung an einen Ort, an dem Sie Trost und Geborgenheit erfahren haben. In Ihrer Fantasie können Sie jeden Ort wählen, den Sie erlebt haben oder von dem Sie gehört, gelesen oder geträumt haben. Erlauben Sie Ihrem Geist, durch die Tiefen Ihrer Erinnerung und Ihrer Fantasie zu schweifen. Der Ort, den Sie suchen, sollte ein sicherer Ort sein, den nur Sie betreten können und in dem Sie ganz Sie selbst sein dürfen. Ein Ort, der Ruhe und Kraft ausströmt, der Ihnen das Gefühl gibt, sicher zu sein.

Vielleicht haben Sie den Ort schon gefunden und Sie wissen genau, wie Ihr besonderer Ort aussieht. Wenn dies nicht der Fall ist, dann seien Sie nicht ungeduldig. Sie können sich einen Ort selbst schaffen. Sie können selbst entscheiden, ob Sie lieber in einem geschlossenen oder offenen Raum, in einer Landschaft oder in einem Gebäude, auf den Bergen, am Meer, in einer Höhle oder einem Schloss Zuflucht suchen wollen. Alles ist möglich. Schauen Sie sich nun den Ort, den Sie gewählt haben, genau an.

Was gefällt Ihnen gleich zu Beginn? Welche Gegenstände hätten Sie gern an diesem Ort? Wählen Sie den Platz, an dem Sie sich niederlassen wollen. Tun Sie dies in Gedanken. Setzen, legen oder stellen Sie sich in Ihren Ort hinein und schauen sich um. Wie geht es Ihnen damit? Fehlt noch etwas? Richten Sie sich so ein, dass Sie sich sicher und wohlfühlen. Alles steht Ihnen zur Verfügung: Bilder, Pflanzen, Tiere, Fotos, Waffen, Panzer, Stofftiere, Decken, wählen Sie, was immer Ihnen in den Sinn kommt, und richten Sie sich ein. Erlauben Sie sich auch, Farben, Gerüche, Temperatur und Geräusche wahrzunehmen. Spüren Sie Ihren Körper? Wie fühlt er sich an diesem sicheren Ort an? Atmen Sie weiter tief ein und aus und genießen Sie die Zeit an Ihrem, ganz persönlichen und unangreifbaren sicheren Ort! (Hier ein bisschen Zeit geben!).

Wie schön ist es, einen sicheren Ort zu haben! Sie können jederzeit an diesen Ort zurückkehren. Wählen Sie jetzt ein Bild oder einen Namen für diesen Ort, um ihn sich jederzeit wieder vorstellen zu können. Verknüpfen Sie in Ihrem Geist das Bild oder den Namen mit dem Ort, in dem Sie sich befinden. Dann verabschieden Sie sich von diesem Ort und kehren langsam mit Ihrer Aufmerksamkeit zurück in die Gegenwart. Spüren Sie Ihre Füße (Ihre Arme), die den Boden (den Stuhl) berühren, bewegen Sie Ihre Zehen und Finger und öffnen Sie langsam die Augen. Wie geht es Ihnen jetzt?«

Grautöne finden

Menschen, die Traumatisches erlebt haben, neigen manchmal dazu, Dinge extrem zu bewerten. Es gibt entweder schwarz oder weiß. Andere sind entweder gut oder böse. Man selbst ist nicht liebenswert, sondern schuldig und verdammungswürdig. Da können Außenstehende viel reden, aber sie können die vorgefasste Meinung nicht erschüttern. In solchen Situationen kann folgende Übung hilfreich sein, um den Betroffenen zu helfen, die Grautöne wiederzufinden.

Nehmen wir als Beispiel einen Mann, der sich selbst bezichtigt, ein schlechter Vater gewesen zu sein. Seine Aufgabe wäre nun, ein Blatt Papier zu nehmen und eine lange Linie horizontal einzuzeichnen. Ganz links am Anfangspunkt steht der Begriff »schlechter Vater«. Ganz rechts, am Endpunkt, werden die Worte »guter Vater« eingetragen. Nun soll der Vater auf dieser Skala Eigenschaften und Tätigkeiten einfüllen, die einen schlechten bzw. guten Vater ausmachen. Ganz links stünden dann vielleicht Begriffe wie »Schläge, gewalttätig, Missbrauch«, ganz rechts »liebevoll, zuverlässig, viel Zeit«. Dazwischen können dann andere Begriffe platziert werden, je nach dem subjektiven Empfinden dieses Vaters: »hat manchmal keine Zeit, wird wütend über schlechte Noten, liest Geschichten vor, ist manchmal ungeduldig, verlangt zu viel von seinen Kindern usw.« Hier kann viel einfließen: die eigene Kindheitserfahrung, Ansprüche an sich selbst, Aussagen der Kinder, Erinnerungen an schöne und nicht so schöne Momente. Am Ende sollte dann aber eine ziemlich klare Skala mit einer großen Bandbreite existieren, denn in Wirklichkeit gibt es wenige Väter, die nur gut oder nur schlecht sind. Ganz am Ende dann käme wie zu erwarten die Frage: »Und nun markieren Sie bitte die Aussagen, die auf Sie zutreffen. Und wenn Sie nun einen Schnitt ziehen von diesen Markierungen, wo würden Sie dann Ihre eigene Position auf dieser Skala ansetzen?

Achtsamkeitsübung/Körperwahrnehmung

Achtsamkeit ist eine besondere, aufmerksame und respektvolle Haltung der Umwelt und sich selbst gegenüber, die Erwachsene unter dem Druck der alltäglichen Anforderungen oft verlernt haben. Ganz anders Kinder, die mit größter Konzentration und Aufmerksamkeit eine einzelne Tätigkeit ausführen oder einen Gegenstand untersuchen. Gerade wenn Menschen Traumatisches erlebt haben und als Folge dessen nicht mehr im Kontakt mit ihren Bedürfnissen und ihren Körperempfindungen sind, könnte Achtsamkeit helfen, den verloren gegangenen Kontakt wiederzufinden. Betroffene, die sich von der Vergangenheit nicht lösen können, müssen lernen, wieder im Hier und Jetzt zu sein, sich also auf die Gegenwart einzulassen, und dies kann nur gelingen, wenn sie ihre eigenen Empfindungen wahrnehmen können.

Man kann Achtsamkeit üben und sich ganz langsam die Empfindungen und Wahrnehmungen des eigenen Körpers wieder erschließen. Dazu ist die folgende Übung eine erste Anregung. Wichtig ist, dass die Ausführenden sich die Zeit nehmen, dem jeweiligen Körperteil ihre ganze Aufmerksamkeit zu schenken, und so ein Gespür dafür entwickeln, was und wie sie wahrnehmen. Ein positiver Nebeneffekt ist oft, dass man auch beginnt, den eigenen Körper wieder wertzuschätzen. Und dass man lernt, dass nichts für immer ist. Was sich heute verspannt und schmerzhaft anfühlt, ist vielleicht morgen schon wieder locker.

Die folgende Anleitung, die mir freundlicherweise von Anne Dahl (MBSR-Achtsamkeitstrainerin, Berlin) zur Verfügung gestellt wurde, ist als eine mögliche Variante gedacht. Man kann natürlich auch mit dem Kopf anfangen oder sich in einer Sitzung nur einem Körperbereich zuwenden. Wichtig ist, dass die Anleitungen mit dem Atem verbunden werden: Es wird immer in den angesprochenen Körperteil hineingeatmet, um dann in die jeweilige Stelle hineinzuspüren und die Empfindungen dort wahrzunehmen. Weiterhin ist darauf zu achten, dass keine Bewertung oder Beurteilung mit einfließt. Es gibt kein richtig oder falsch. Jedes Gefühl, auch ein Ausbleiben von Gefühl, ist so in Ordnung. Das Zeichen --- steht für eine angemessene Pause.

»Setzen Sie sich auf einen Sessel oder legen Sie sich hin. Finden Sie eine bequeme Stellung. Vielleicht möchten Sie im Sitzen noch die Beine hochlegen oder im Liegen ein Kissen unter die Knie legen. Im

Liegen legen Sie die Arme neben den Körper – Handflächen nach oben oder nach unten. --- Nehmen Sie zuerst die Berührung Ihres Körpers mit der Unterlage wahr. --- Richten Sie Ihre Aufmerksamkeit auf Ihre Atmung und spüren Sie, wie der Atem durch die Nase einströmt und wieder ausströmt. --- Die Luft an den Nasenflügeln fühlen. --- Nun können Sie vielleicht der Bewegung Ihres Atems im Körper folgen. Beobachten, wie sich der Bauch hebt und senkt. Bei jeder Ausatmung noch tiefer in die Unterlage sinken. --- Bei der nächsten Einatmung richten Sie Ihr Gewahrsein auf beide Füße --- Sie spüren die Zehen – vielleicht können Sie sie auch einzeln fühlen --- bei einer Ausatmung lassen Sie die Zehen aus Ihrer Achtsamkeit los und bei der nächsten Einatmung nehmen Sie die Fußsohlen in Ihr Gewahrsein --- die Fußrücken --- die Fersen. --- Wiederum bei einer Einatmung richten Sie Ihre Aufmerksamkeit auf die Unterschenkel --- die Knie --- die Oberschenkel --- die Hüftgelenke. Bei einer Ausatmung lassen Sie diesen Teil Ihres Körpers los und bei der folgenden Einatmung spüren Sie in Ihr Becken, atmen tief ein und aus, sodass sich eventuell Ihr Becken mit jeder Einatmung dehnt und bei der Ausatmung entspannt. --- Richten Sie Ihre Aufmerksamkeit dann auf Ihre untere Wirbelsäule, das Steißbein, die Lendenwirbel --- den Bereich um die Taille. --- Atmen Sie in Ihren Bauch hinein und vielleicht spüren Sie, wie sich das Zwerchfell beim Atmen ausdehnt und wieder zusammenzieht. --- Bei einer Einatmung richten Sie Ihr Gewahrsein auf die Wirbelsäule im Brustbereich und fühlen auch hier, wie sich der Brustkorb beim Einatmen ausdehnt und beim Ausatmen zusammenzieht. Vielleicht fühlen Sie das Klopfen des Herzens. --- Nehmen Sie die Lungen wahr, die sich zu beiden Seiten des Herzens ausdehnen. --- Dann lassen Sie diesen Bereich Ihres Körpers los und führen Ihre Achtsamkeit in den Schulterbereich – bei jeder Ausatmung die Anspannung in den Schultern mehr loslassen. --- Richten Sie Ihre Achtsamkeit nun auf beide Hände --- die Fingerspitzen --- die Daumen --- die Zeigefinger --- die Mittelfinger --- die Ringfinger --- die kleinen Finger. --- Spüren Sie nun in die Handflächen --- die Handrücken --- die Handgelenke. --- Lassen Sie dann

Ihre Achtsamkeit in die Unterarme gleiten --- die Ellenbogen --- die Oberarme --- die Schultergelenke. --- Als Nächstes kommen Sie mit Ihrem Gewahrsein in der Halsregion an. --- Sie fühlen den Kehlkopf und vielleicht möchten Sie einmal schlucken, um diese Bewegung bewusst wahrzunehmen. --- Dann kommen Sie zu Ihrem Nacken und entspannen diesen bei jedem Ausatmen. --- Richten Sie jetzt Ihre Aufmerksamkeit auf Ihren Kopf --- spüren Sie in den Kieferbereich --- lassen die Kiefergelenke locker --- dann in den Mundbereich: Sie lockern die Zunge --- den Rachenraum --- die Lippen --- und kommen dann zum Augenbereich: die Augen fallen noch tiefer in ihre Höhlen --- die Augenbrauen entspannen sich in Richtung Schläfen --- die Stelle zwischen den Brauen und hinter der Stirn lässt alle Gedanken los, die sich gerade dort bilden --- und schließlich kommen Sie mit Ihrer Achtsamkeit zum Scheitelpunkt des Kopfes. --- Vielleicht möchten Sie sich eine Öffnung vorstellen – wie das Luftloch bei einem Wal –, durch die Sie Luft einatmen, durch den ganzen Körper fließen lassen und dann wieder durch die Fußsohlen ausatmen. Bei der nächsten Einatmung können Sie die Luft durch die Fußsohlen einströmen und dann wieder durch den Scheitelpunkt ausströmen lassen. --- Wenn Sie möchten, können Sie sich auf der Woge Ihres Atems noch ein paar Mal hin- und herwiegen lassen. ---

Am Ende nehmen Sie Ihren Körper als Ganzes in Ihr Gewahrsein und vielleicht möchten Sie sich selbst danken, dass Sie diese Körperübung durchgeführt haben und sich nun mit Ihrem Körper stärker verbunden fühlen.

Nun strecken Sie sich und öffnen die Augen.«

Ein besonderes Kartenspiel

Es geht hierbei um die Integration von verschiedenen Ich-Anteilen. Diese Anteile müssen zunächst einmal identifiziert und dann kennengelernt werden. Dies kann man analytisch im Gespräch tun oder aber, wie im zweiten Teil dieses Buches beschrieben, durch Techniken wie Rollenspiel oder Leerer Stuhl (Seite 60 f.). Ein weiterer, kreativer Ansatz wäre folgender:

Bitten Sie Ihre Klienten, sich an besondere Momente oder Zeiträume in ihrem Leben zu erinnern. Stellen Sie Karten oder Indexkarten zur Verfügung, auf der die identifizierte Erinnerung festgehalten wird. Dafür wird ein Name des Ich-Anteils gesucht, der die eben beschriebene Erfahrung gemacht hat. Dies könnte »ich mit acht Jahren« oder »das Sommerferien-bei-Oma-und-Opa-Ich« sein. Dazu kommt noch eine Beschreibung dieses Ich-Anteils in Form von Adjektiven oder anderen Stichwörtern, wie etwa »unbeschwert, mit mir im Reinen, selbstsicher«. Bitten Sie die Klienten dann, auf die Rückseite der Karte etwas zu schreiben, was dieser Ich-Anteil dem Erwachsenen-Ich bieten kann. Dies könnten Aussagen sein wie: »Ich weiß, wie schön das Leben sein kann. Ich bewahre den Glauben an das Gute im Menschen. Ich bin selbstsicher und mutig. Ich gebe nicht so schnell auf.«

Natürlich gibt es auch schlechte Erinnerungen. Auch diese bekommen Karten mit Namen und Eigenschaften. Auf der Rückseite stehen dann vielleicht Dinge wie »Ich passe auf, dass es in Zukunft keine Unfälle mehr gibt. Ich weiß, wie verletzbar menschliches Leben ist. Ich muss für mich selbst sorgen, wenn von außen keine Hilfe kommt«. Eine besondere Karte steht für das Große Ich, den erwachsenen Menschen, der im Moment lebt.

Am Ende gibt es also ein ganzes Set an Karten. Damit kann man verschiedene Dinge tun. Man kann die Karte des Großen Ichs in die Mitte legen und alle anderen drum herum. Dabei sollte der Abstand so gewählt werden, dass abzulesen ist, wie integriert der jeweilige Anteil in das Kern-Ich ist. Ein Anteil, der gut angenommen wird und auch stets zur Verfügung steht, liegt direkt in der Mitte, während ein Anteil, der tief vergraben im Inneren liegt und fast vergessen wurde, an den äußeren Rand kommt. So entsteht ein Bild davon, wie viel Integration noch zu leisten ist. Man kann jetzt ein bisschen hin- und herschieben. Was wäre, wenn dieser Anteil öfter zur Verfügung stünde? Was hindert Sie daran, mit diesem Anteil in Kontakt zu treten?

Man kann die Karten auch nutzen, um eine spezielle Situation zu beleuchten. Nehmen wir als Beispiel einen Moment der großen Trauer. Fragen Sie Ihre Klienten: Wen möchten Sie in der Nähe wissen, von wem könnten Sie Unterstützung gebrauchen? Legen Sie diese Karten dann in die Nähe der Kern-Karte. Lassen Sie erst einmal einen Eindruck gewinnen. Wie fühlt sich das an? Dann lassen Sie die Karten umdrehen. Welche Kräfte und Aussagen stehen jetzt zur Verfügung? Wie könnten diese Ich-Anteile in der speziellen Situation helfen? Welche Kräfte könnten hier aktiviert werden?

Resilienztraining/Sich selbst schützen

Resilienz aufzubauen und sich selbst zu schützen ist nicht nur für Traumabetroffene, sondern auch für Helfer und Begleiter wichtig, um einer sekundären Traumatisierung zu entgehen. Hier einige Vorschläge dazu, wie Sie als Helfer sich selbst helfen können!

- Seien Sie achtsam. Meditations- und Achtsamkeitsübungen sind ein guter Garant dafür, dass man nicht unbemerkt unter einem Berg unbewältigter Gefühle zu liegen kommt.
- Führen Sie ein Freudetagebuch, in dem schöne oder freudige Begebenheiten und Erfahrungen niedergeschrieben werden. Machen Sie sich diese wertvollen Momente immer wieder bewusst.
- Aktiv werden. Der Hormonhaushalt ist darauf ausgerichtet, dass nach großem Stress die vermehrte Ausschüttung von Adrenalin und anderen Stresshormonen durch Aktivitäten wieder heruntergefahren und neutralisiert wird. Man kann

nicht immer kämpfen oder fliehen, aber man kann bewusst Dinge tun, um diesen Prozess zu unterstützen (Spaziergänge machen, Sport treiben, sich künstlerisch betätigen etc.). Wer aktiv bzw. kreativ ist, erfährt sich zudem als selbstwirksam, also als jemand, der Dinge bewirken kann und die Kontrolle hat.

- Sich abgrenzen. Mit anderen mitzufühlen ist für beide Seiten eine Bereicherung und positive Erfahrung. Doch das fremde Leid darf nicht zum eigenen Leid werden. Leidende wollen, dass ihnen jemand zur Seite steht, aber nicht mit ihnen versinkt. Nehmen Sie sich das Recht und die Zeit, sich zu gegebener Stunde auf Ihr eigenes Leben und private Bedürfnisse zu konzentrieren.
- Vernetzung. Betroffene, aber auch Helfende, profitieren davon, mit anderen Menschen in Kontakt zu treten. Es gibt viele Informations-, Beratungs- und Anlaufstellen, Organisationen, Vereine und Foren, professionelle und ehrenamtliche Helfer. Holen Sie sich die Unterstützung, die Sie brauchen!
- Machen Sie eine Liste mit Ihren Stärken. Schreiben Sie auf, worauf Sie besonders stolz sind. Was haben Sie erreicht, welchen Menschen haben Sie geholfen, wo haben Sie etwas bewegt? Sich dieser Dinge bewusst zu sein, hat nichts mit Eingebildetheit zu tun. In Zeiten von Selbstzweifeln oder Schicksalsschlägen müssen Sie auf diese Stärken zurückgreifen können!
- Offen sein für neue Erfahrungen. Probieren Sie neue Dinge aus, seien Sie neugierig, schauen Sie über den Tellerrand. Versuchen Sie, Dinge und Menschen zu verstehen, die Ihnen nicht behagen. Unternehmen Sie mal etwas, was Sie normalerweise nicht täten.
- Arbeiten Sie daran, sich selbst realistisch einzuschätzen, das Positive zu bemerken, bei Rückschlägen die Chancen zu erkennen, optimistisch zu sein – und trauen Sie sich etwas zu!

- Pflegen Sie Ihre sozialen und partnerschaftlichen Kontakte. Sorgen Sie dafür, dass Sie regelmäßig Unterhaltungen haben, die auf Vertrauen aufbauen und in denen Sie Ihr Inneres einbringen. Ich meine hier ausdrücklich nicht die professionellen Beratungsgespräche. Helfer müssen intime Momente im privaten Rahmen erleben!

Liste mit Ressourcen

Jeder Mensch verfügt über innere Stärken, Selbstheilungskräfte und Ressourcen. Doch oft erkennen wir sie gar nicht. Hier ist eine Liste mit Dingen, die leicht übersehen werden. Sie soll dazu dienen, eine eigene Liste mit persönlichen Ressourcen zu erstellen. Dies ist wichtig, denn nur wer seine eigenen Stärken und Ressourcen kennt, kann sie auch einsetzen!

• Ich verfüge über Urvertrauen, gute Bindungserfahrung	• Gutes Selbstbewusstsein, Selbstakzeptanz
• Durchsetzungsfähigkeit, Tatkraft	• Naturverbundenheit
• Glaube an etwas Höheres (an Gott, die Liebe, das Gute im Menschen)	• Ich habe das Gefühl, dass ich Dinge bewirken kann (in meinem Leben, in anderen Leben)
• Optimistische Lebenseinstellung	• Lösungs- bzw. Zielorientiertheit
• Offenheit für neue Dinge	• Flexibilität
• Ich kann Freude empfinden, lachen	• Ich verfüge über Humor
• Gutes Netzwerk (Freunde, Familie, Menschen, auf die ich zählen kann)	• Ich habe Interesse daran, mich weiterzuentwickeln, Ehrgeiz
• Achtsamkeit (auch angelernte oder gerade eingeübte)	• Ich empfinde mich als erfolgreich oder erfüllt

• Gesundheit, Unversehrtheit	• Ich empfinde mein Leben als sinnvoll
• Es gibt Menschen, die mir vertrauen (wer?)	• Ich vertraue bestimmten Menschen (Namen?)
• Ich habe bzw. nehme mir Zeit für mich	• Ich erkenne meine Grenzen und kann sie verteidigen
• Es gibt schöne Momente in meinem Leben, an die ich mich gern erinnere (welche?)	• Es gibt wichtige Personen, in der Vergangenheit, die mir etwas gegeben haben (wer? was?)
• Es gibt Dinge, die ich gut kann, auf die ich stolz bin (was?)	• Ich verfüge über viel Lebenserfahrung
• Ich habe in der Vergangenheit schwierige Phasen überlebt	• Vergangene Krisen haben mich stärker gemacht
• Ich kann Hilfe annehmen	• Ich bin hilfsbereit
• Ich kann entspannen und mein Stressniveau herunterfahren	• Ich erkenne, wie es mir geht und kann Gefühle benennen
• Es gibt Menschen, zu denen ich aufblicke	• Ich habe viele Interessen (welche?)
• Ich bin ein umgänglicher Mensch	• Ich kann mich gut selbst beschäftigen
• Ich verfüge über profundes Wissen in einigen Gebieten	• Es gibt Menschen, die mich achten/respektieren
• Mir stehen finanzielle Mittel zur Verfügung	• Es gibt Dinge in meinem Leben, für die es sich lohnt zu leben
• Ich habe Talente oder Geschicklichkeiten (welche?)	• Ich verfüge über körperliche Kraft bzw. Ausdauer
• Ich kann mich selbst motivieren	• Ich kann gut zuhören
• Ich muss mir um meine soziale Situation keine Sorgen machen	• Ich fühle mich einer Gruppe (Verein, Minderheit, Kirche, Partei etc.) zugehörig
• Ich bin bereit, Verantwortung zu übernehmen	• Ich bin anderen Menschen gegenüber respektvoll und tolerant

Liste mit Ressourcen

• Ich habe tragfähige Beziehungen	• Ich kann gut für mich sorgen
• Ich bin bereit, auch einmal etwas zu riskieren (habe Mut)	• Ich kann Dinge gut einschätzen, Gefahren abwägen, Chancen sehen
• Ich habe ein gutes Einfühlungsvermögen (Empathie)	• Ich bin zuverlässig
• Ich bin leidenschaftlich, kann tiefe Liebe empfinden	• Ich bin ein analytischer, logisch denkender Mensch
• Ich kann Herz und Verstand gut ausbalancieren	• Ich habe ein gutes Vorstellungsvermögen, ich habe Fantasie
• Ich verfüge über Führungsqualitäten, kann andere Menschen motivieren	• Ich kann mich gut ausdrücken, bin wortgewandt
• Ich bin sehr gewissenhaft	• Ich bin extrovertiert
• Ich verfüge über eine gute Intuition	• Ich bin sportlich/aktiv
• Ich erfahre Mitgefühl, Solidarität und Trost von außen	• Ich habe Visionen und Träume, die mich leiten
• Ich kann mich für Dinge begeistern	• Ich lasse mich von Dingen (Kunst, Musik) berühren und bewegen
•	•

Literatur

Breitenbach, G., Requardt, H. (2013). Komplex-systemische Traumatherapie und Traumapädagogik. Kröning.
Doidge, N. (2015). Wie das Gehirn heilt: Neueste Erkenntnisse aus der Neurowissenschaft. Frankfurt a. Main.
Eckardt, J. (2016). Trauma. Verstehen und Heilen. Wals bei Salzburg.
Fischer, G. (2011). Neue Wege aus dem Trauma. Erste Hilfe bei schweren seelischen Belastungen. Ostfildern.
Grand, D. (2013). Brainspotting. Wie Sie Probleme, Traumata und emotionale Belastungen gezielt auflösen. Kirchzarten.
Herman, J. (2014). Die Narben der Gewalt. Traumatische Erfahrungen verstehen und überwinden. Paderborn.
Joseph, S. (2015). Was uns nicht umbringt. Wie es Menschen gelingt, aus Schicksalsschlägen und traumatischen Erfahrungen gestärkt hervorzugehen. Berlin u. Heidelberg.
Kohut, H. (1995). The analysis of the self. A systematic approach to the psychoanalytic treatment of narcissistic personality disorder. Madison, Connecticut.
Levine, P. (2011). Sprache ohne Worte. Wie unser Körper Trauma verarbeitet und uns in die innere Balance zurückführt. München.
Maslow, A. H. (1981). Motivation und Persönlichkeit. Reinbek.
Müller, M. (2014). Trauergruppen leiten. Betroffenen Halt und Struktur geben. Göttingen.
Reddemann, L., Dehner-Rau, C. (2013). Trauma heilen. Ein Übungsbuch für Körper und Seele. Stuttgart.
Ryan, R. M., Deci E. L. (1985). Intrinsic motivation and self-determination in human behavior. New York.
Schenk, M. (2014). Suizid, Suizidalität und Trauer. Gewaltsamer Tod und Nachsterbewunsch in der Begleitung. Göttingen.
Shah, H., Weber, T. (2015). Trauer und Trauma. Die Hilflosigkeit der Betroffenen und der Helfer und warum es so schwer ist, die jeweils andere Seite zu verstehen. Kröning.

Shapiro, F. (2013) EMDR – Grundlagen und Praxis. Paderborn.
Smucker, M. (2015). Praxishandbuch IRRT: Imagery Rescripting & Reprocessing Therapy bei Traumafolgestörungen, Angst, Depression und Trauer. Stuttgart.
Teuchert-Noodt, G. (2016). Die Entwicklung des kindlichen Gehirns untersteht dem Dreiklang aus Aktivität, Dynamik und Kompensation. Trauma. Zeitschrift für Psychotraumatologie und ihre Anwendungen, 14 (2), 6–17.
van der Kolk, B. (2015). Verkörperter Schrecken. Traumaspuren in Gehirn, Geist und Körper und wie man sie heilen kann. Lichtenau.

Edition Leidfaden
Basisqualifikation Trauerbegleitung

Jo Eckardt
Wenn Trauma und Trauer aufeinandertreffen
Betroffenen helfen, neuen Lebensmut zu finden
ISBN 978-3-525-40280-1

Uta Schmidt / Bärbel Trautwein
Die Dunkelheit der Trauer teilen
Trauerbegleitung in depressiven Zeiten
Mit einem Vorwort von Monika Müller.
ISBN 978-3-525-40279-5

Otto Teischel
Trauerspiel – Einführung in die existenzielle Filmtherapie
ISBN 978-3-525-40277-1

Eva Chiwaeze
Vom Eigenen und dem der anderen
Supervision in der Trauerbegleitung
ISBN 978-3-525-40262-7

Heidi Müller / Hildegard Willmann
Trauer: Forschung und Praxis verbinden
Zusammenhänge verstehen und nutzen
ISBN 9783525402603

Alfried Längle / Dorothee Bürgi
Wenn das Leben pflügt
Krise und Leid als existentielle Herausforderung
ISBN 978-3-525-40259-7

Sylvia Brathuhn / Thorsten Adelt
Vom Wachsen und Werden im Prozess der Trauer
Neue Ansätze in der Trauerbegleitung
ISBN 978-3-525-40257-3

Petra Rechenberg-Winter
Leid kreativ wandeln
Biografisches Schreiben in Krisenzeiten
ISBN 978-3-525-40258-0

Verlagsgruppe Vandenhoeck & Ruprecht | V&R unipress

www.v-r.de

Edition Leidfaden
Basisqualifikation Trauerbegleitung

Isabella Hemmann
Das Alphabet der Trauer
Mit Texten zum tieferen
Verständnis von Verlusten
ISBN 978-3-525-40248-1

Norbert Mucksch
**Trauernde hören,
wertschätzen, verstehen**
Die personzentrierte Haltung
in der Begleitung
ISBN 978-3-525-40255-9

Traugott Roser
**Sexualität in Zeiten
der Trauer**
Wenn die Sehnsucht bleibt
ISBN 978-3-525-40233-7

Marion Schenk
**Suizid, Suizidalität
und Trauer**
Gewaltsamer Tod und
Nachsterbewunsch in der
Begleitung
ISBN 978-3-525-40238-2

Eduard Zwierlein
Denken kann trösten
Trauer verständnisvoll begleiten
ISBN 978-3-525-40235-1

Willy Peter Müller
Trauer in Träumen
Traumbilder können helfen
und heilen
ISBN 978-3-525-40236-8

Matthias Schnegg
Erwärmen in der Trauer
Psychodramatische Methoden
in der Begleitung
ISBN 978-3-525-40232-0

Monika Müller
Trauergruppen leiten
Betroffenen Halt und Struktur
geben
ISBN 978-3-525-40237-5

*Alle Bände auch als eBook.
Ausführliche Leseproben zu den Bänden
finden Sie auf
www.v-r.de*

Verlagsgruppe Vandenhoeck & Ruprecht | V&R unipress

www.v-r.de